シリコンバレーで
結果を出す人は
何を勉強しているのか

鳩山玲人

GS
幻冬舎新書
649

はじめに

「シリコンバレー」の実態

シリコンバレーという場所は、人々に特別な感情を抱かせるようです。日本も例外ではなく、書店に行けばカバーに「シリコンバレーの……」「シリコンバレー式」といった言葉が躍る本が並んでおり、その中には本当にシリコンバレーと関係があるのかわからないようなものも紛れています。こうした「シリコンバレー商法」とでもいうべきものが生まれるのも、シリコンバレーの誘引力が強いことの表れなのかもしれません。

シリコンバレーとは、どんな場所なのでしょうか？

ご承知の方も多いと思いますが、場所はアメリカ・カリフォルニア州サンフランシスコのベイエリアの南部です。ここにはかつて多くの半導体メーカーが集まっており、その主原料である「シリコン」に、その名の由来があります。地形が渓谷（バレー）であることから、「シリコンバレー」と呼ばれるようになったわけです。

シリコンバレーではこれまでにアップル、グーグル、フェイスブック（現社名メタ）のようなメガテック企業が多数生まれ、現在もＩＴ系のスタートアップが次々に誕生しています。またセコイア・キャピタルやクライナー・パーキンスなどの名門ベンチャーキャピタルも多く、最先端技術の研究者やそれらを活用してビジネスを生み出そうとする起業家、そしてそういった人々を支援する投資家などが集まる刺激的な場所であることは間違いありません。

しかしシリコンバレーがそういった人ばかり集まる場所だとイメージすると、それは現実とは少しずれているようにも思います。シリコンバレーは人口約３５０万人ほどで、広さはちょうど東京都と同じか、少し広いくらいの規模です。

東京といっても、そこに暮らす人がみんなファッショナブルでトレンドの最先端にいるわけではないのと同様、シリコンバレーも住民全員がスタートアップやテック企業に属しているのではなく、ごく普通の人々も同時に暮らしているのです。

シリコンバレーに限らず、アメリカの各都市に対する日本の一般的なイメージには少し偏りがあるかもしれません。実際のところ、「アメリカン・ドリーム」をつかもうとするため、アメリカには世界中からたくさんの人が集まってきます。

その中には、たとえば日本から「ニューヨークやロサンゼルスに住んでみたい」と言って移住するタレントさんもいるでしょう。「ロサンゼルスに住みたい」という場合は、映画やファッションなどに関わる産業で働きたいという人が多そうです。

一方で、単に「アメリカが好きだから行ってみたい」「アメリカで暮らしてみたい」と思って渡米する人もいますし、そういった人たちが住むのは、ニューヨークの五番街やビバリーヒルズのような「あこがれのアメリカ」ではない場所であることもあります。

そしてシリコンバレーはもちろん、ニューヨークやロサンゼルスであっても、高級住宅街のすぐ隣に貧困地域があるなど格差社会が広がっていたり、英語が話せない人たちのコミュニティがあったり、銃やドラッグが絡んだ犯罪がすぐそばにあるといったアメリカの現実もあります。

「シリコンバレーはスタートアップやテック企業で働く人たちの都市だ」というイメージは間違いではありませんが、シリコンバレーの一部を切り取ったものでしかないのです。

その意味で、シリコンバレーはテクノロジー系の人たちだけの場所ではありません。シリコンバレーには、多様な人種、そして「普通の人」も含めた幅広い人々を受け入れるふところの深さもあると私は思っています。

シリコンバレーが人を魅了するワケ

シリコンバレーを過剰に「インフレ化」させることには違和感がありますが、一方でシリコンバレーで暮らしたり働いたりすることには魅力があり、学べることが多いのは間違いないと思っています。

シリコンバレーで暮らしていて感じるのは、とにかく刺激が多いということです。スタートアップのビジネスを成り立たせるにはさまざまな要素が必要ですが、その一つは「ユーザーがいること」。マーク・ザッカーバーグだけいればフェイスブックが成り立つわけではなく、フェイスブックを喜んで使ってくれるユーザーがいなければならないということです。

その意味では、シリコンバレーは最先端のテクノロジーが真っ先に街の中に実装されていく場所だといえます。

たとえばシリコンバレーではテスラの車を非常に多く見かけるのですが、私がロサンゼルスやワシントンD.C.、ボストン、ニューヨークなどに行って街の中を見渡したときは、それほどテスラが多いという印象はありませんでした。

一般にはアメリカの大都市であれば、最先端のテクノロジーが活用されているイメージを持つ人も多いのではないかと思いますが、実際にはアメリカの都市がどこも最先端ということはありません。やはりシリコンバレーが独特な街なのだと思います。

テスラの例に限らず、たとえばウーバーやウーバーイーツ、個人間送金サービスのベンモなども、シリコンバレーでは普及のスピードが速いのです。最近では、友人同士で送金する際、当たり前に「ベンモでいい？」と尋ねられるようになりました。

このような環境で暮らしていると、否が応でも最先端のテクノロジーを体感することになります。

言い方を変えれば、たとえ自分自身が開発に携わっていなくても、そこで生活しているだけでそういった商品やサービスに真っ先に触れることができ、最先端のビジネスを育てていくエコシステムの大切な一員になることができるわけです。そのように考えれば、シリコンバレーの生活はかなり刺激的だといっていいでしょう。

なぜシリコンバレーには成功者が多いのか

もう一つ、シリコンバレーで働いていると、「成功したときの金額の大きさ」が日本とは桁《けた》違いであることを実感します。周辺には年収1億円くらい稼ぐ人はざらにいるという状況で、２億〜３億円くらい稼ぐことも、さほど特別なことだというイメージはありません。

コロナ禍の中、シリコンバレーでも低所得層を対象として補助金などが出たのですが、ここでいう「低所得層」の基準は「年収１５００万円以下」でした。

シリコンバレー、特にテックカンパニーやＩＴ関連のスタートアップ、ベンチャーキャピタルに属する人々の感覚としては、10億〜１００億円という単位で稼ぐくらいにならなければ「すごい」とは言われないのではないかと思います。

日本から見れば桁違いの「成功者」がゴロゴロいるのは、周囲にそういった人が多い環境にいれば、自分もそれを求める気持ちが高まるからでしょう。その意味では、シリコンバレーのコミュニティは成功者を生みやすいといえそうです。

このような話をすると「金持ち自慢か」と思う人もいるかもしれません。しかしシリコンバレーで暮らしていると、稼いだ金額が大きいからといって尊敬を集められるわけではないということもわかります。

この地域では「どのような価値観を持ち、どのように創造的価値を生み出し、どのように社会に貢献しているか」が重視されており、「世界を一歩でも、よい方向に進めること」によってこそ尊敬を得られるのだと私は感じています。

「世界を一歩でも、よい方向に進めること」ができている人が、結果として大きく稼いでいるというのがリアルなシリコンバレーのありようであり、「社会への貢献」と「金額で評価される成功」との間には強い相関関係があるのだということが示されているように思います。

私がシリコンバレーにたどり着いた理由

ここで少し、私がなぜシリコンバレーにたどり着いたのかを自己紹介を含めてご説明したいと思います。

私が新卒で入ったのは三菱商事でした。エイベックスやローソンなどでコンテンツビジネスに従事したあと、ハーバード・ビジネス・スクールに留学。そこでサンリオ創業家の故・辻邦彦副社長（当時）から「海外事業をやってみないか」と声をかけられ、２００８年に34歳でカリフォルニアにあるサンリオ米国法人のＣＯＯ（最高執行責任者）になりました。サンリオでは常務取締役まで務め、経営戦略、海外事業、映画・メディア・ＩＴ等の新規事業も担当し、ハローキティのグローバル化に貢献してきました。

一時はサンリオに骨を埋《うず》めるつもりで働いていましたが、私を引き入れてくださった辻邦彦副社長が２０１３年に急逝されたあと、私自身のビジョンと会社のビジョンが徐々に合わなくなっていくのを感じることになりました。

喪に服す気持ちで、それからおよそ2年をサンリオに捧げましたが、最終的には退社することに決めました。

率直にいえば、当時の私は心身ともに疲れ切っていたと思います。サンリオを辞めるときは先のことが何も決まっておらず、日本に帰るか、それともアメリカに残るのか、これから自分がどうしていきたいのかを考えることになりました。

そこで気づいたのが、「せっかくカリフォルニアに住んでいるのだから、もう少しシリコンバレーを体感したい」という自分の中の思いでした。

サンリオ時代は、勤務先に近く、海外出張の際にサンフランシスコ国際空港にアクセスしやすいという理由で、フォスター・シティという街に住んでいました。フォスター・シティもシリコンバレーの一部ではあるのですが、せっかくそのような環境にいたのにもかかわらず、シリコンバレーとの関わりをあまり深く持てていませんでした。

実のところ、サンリオで事業を推進していた当時は、テック業界よりもエンタメ業界やリテール業界で何が起きているのかに強い関心があり、エンタメやコンテンツビジネスの中心地であるロサンゼルスやニューヨーク、欧州ならパリ、ミラノ、ロンドンといった都市のほうが興味の対象としては強かったのです。

また、アメリカでどこに住むかということについては、さほど大きな関心はありませんでした。当時はアメリカだけでなく欧州、アジア、日本というように世界の国・地域のビジネスを見ていましたし、サンリオが日本で上場していることもあり、「場合によっては日本に戻るかもしれない」とも考えていました。

しかしサンリオを去ることになって「このまま日本に帰るのはもったいないな」と考えるようになり、しばらくしてから思い切ってシリコンバレーの中心地パロアルトに転居することにしたのです。

アメリカのダイナミズムが凝縮された場所

シリコンバレーの中心地への転居を決めた理由はいくつかあります。

一つは、アメリカという国のダイナミズムをとても気に入っていたことです。

１８４８年、砂金を採掘しようという人たちがカリフォルニア一帯に殺到する「ゴールド・ラッシュ」が始まり、世界中から一攫千金《いっかくせんきん》を夢見た人々が集まりました。１８４９年にはゴールド・ラッシュがピークを迎えて採掘者が急増し、その年に集まった人々は「49ers（49年組）」と呼ばれました。これが現在、ナショナル・フットボール・リーグ（ＮＦＬ）の「サンフランシスコ・49ers」のチーム名の由来となっています。

ゴールド・ラッシュ以降も、アメリカは人を引き寄せ続けました。

たとえばハリウッドには映画・エンタメの世界にあこがれる人たちが、ニューヨークには世界の金融の中心を目指す人たちが、ラスベガスにはギャンブルで一攫千金を夢見る人々が集まります。スポーツの世界に目を向ければ、ボクシングから野球までさまざまな分野でメジャーを目指して人が集まってくるのもアメリカです。


そのようなアメリカ全体のダイナミズムの中にあって、現在、社会の中心であるＩＴやイノベーションの中心地であるシリコンバレーは非常に魅力的だと感じました。

私自身、サンリオでもハローキティのデジタルシフトやＳＮＳを利用したマーケティング、コンテンツの活用、デジタルメディアでのインフルエンサーの活用などを通じ、そのダイナミズムを体感してもいたのです。


また、私がサンリオを辞めた頃、元ミクシィＣＥＯの朝倉祐介さんがスタンフォード大学で客員研究員をされていたことも理由の一つです。

アメリカの大学や企業では、休養や研究のためにサバティカル・イヤーと呼ばれる長期休暇を取得する制度があります。朝倉さんが次のステップに進む前にスタンフォード大学で研究をされているのを見ていて、私もそういった時間を取るべきではないかと考え、スタンフォード大学で客員研究員をすることにしたのです。

もう一つは、Ｓｏｚｏ《ソーゾー》ベンチャーズを手伝ってほしいと言われたことです。

Ｓｏｚｏベンチャーズは三菱商事で同期だった中村幸一郎さんとフィル・ウィックハム氏が設立したシリコンバレーのベンチャーキャピタルで、データ解析やフィンテック、クラウドなどのＩＴ系スタートアップに投資しており、そのポートフォリオにはコインベース、ツイッターやズーム・ビデオ・コミュニケーションズ、スクエア、アプライドインテュイションなど錚々《そうそう》たる企業が顔を並べています。

私がサンリオに在籍していた頃に会社から出資させていただいていたご縁もあり、サンリオを辞めると伝えたときに中村さんから「だったら僕の事業を手伝ってもらえないか」と誘っていただきました。

Ｓｏｚｏベンチャーズのオフィスがスタンフォード大学のすぐ近くだったこともあり、「これはパロアルトが自分を呼んでいるんだろう」と思ったわけです。

さらに付け加えれば、シリコンバレーには個人的な記憶も結びついています。

シリコンバレーの発祥は、トランジスタの発明によりノーベル物理学賞を受賞したウィリアム・ショックレー博士らによるショックレー半導体研究所の設立にさかのぼります。一方、電子工学者であった私の祖父・鳩山道夫はトランジスタ研究の草分けの一人といわれ、ソニー研究所の初代所長を務めていました。祖父はショックレー半導体研究所と取引があり、私は幼い頃からシリコンバレーの話を聞いて育ったのです。

シリコンバレーではみながワクワクしている

パロアルトに転居すると、私は自分自身に大きな変化を感じることになりました。

一つは、シリコンバレーで活躍する人たちとの接点が増えたことです。

これは住む場所がパロアルトになったことだけでなく、私が「サラリーマンではなくなったこと」が大きいように思います。

サンリオで働いていたときは、コミュニケーションの大半が社内でのやりとりになりがちで、特に仕事が忙しいときはなかなか社外で、自分が関わるエンタメ事業以外の人と会う時間を作れませんでした。

シリコンバレーにほど近いところに住んでおり、会おうと思えばいつでも会えるハーバード時代の同級生の多くがスタートアップやベンチャーキャピタル、IT関連などで働いていたのにもかかわらず、なかなか会えないまま長い時間が経ってしまっていました。

しかしサンリオを辞め、パロアルトに引っ越してくると、スタートアップ起業家やベンチャーキャピタリストなどに会って話す機会は格段に増えました。

そこで改めてさまざまなことを考えるようになり、本書のテーマである「学び」についても、サラリーマン時代とは違った角度から捉えられるようになったと思います。

もう一つは、自分の将来について、これから何をしようかとワクワクできるようになったことです。

「将来はクリエイターになりたい」「いつか起業したい」といった夢は、大人になるにつれてだんだん薄れていくことが多いように思います。

しかしシリコンバレーでは、40代半ばを超えた私の同級生たちや周囲の人たちが新たなことにチャレンジしている姿を直接見ることが多く、私も自分に対して「今から何か面白いことができるのではないか」と期待する気持ちが高まってきたのです。

最先端の業界を体感するということ

「シリコンバレーでのお仕事は何ですか？」と尋ねられると、私は「新しい働き方を体現している自由人です」と答えます。何か一つのことだけをするのではなく、いろいろなことをやりたいと思っているからです。

具体的に何をしているのかというと、まずＳｏｚｏベンチャーズで「ベンチャーパートナー」としてお手伝いをしています。

ベンチャーパートナーとしての私の仕事は、たとえばハーバード時代の人脈やエンターテインメント業界の人脈から、私のもとに持ち込まれるさまざまな投資案件や、接点を持つスタートアップや起業家の中から「これは」と思うものを、Ｓｏｚｏベンチャーズにつなげて投資してもらうことです。

また、そうしてＳｏｚｏベンチャーズが投資した企業の日本進出の支援をするのも、私の仕事の一つです。

日本国内で提携先企業を見つけて取引やマーケティング活動をサポートしたり、日本進出にあたり必要となる人材を探したり、オフィスを一緒に手配したり、不足している日本についての情報を集めて提供したり、あるいは日本の提携先企業などとの交渉の際に、日本ならではのコンテクスト（文脈、背景）を解説しながらアドバイスしたりもします。

Ｓｏｚｏベンチャーズでの仕事のほか、個人としてもアメリカのスタートアップを手伝ったりもしています。

健康系のテック企業で、脈拍などを測るウェアラブルのスマートリング「オーラリング」を展開するオーラは、私がアドバイザーを務める会社の一つです。

また、ブロックチェーンゲームを展開するミシカルゲームスは、そのコンセプトを聞いてすぐに「この会社の仲間になりたい」と思い、役員を務めることになりました。このように、アメリカ国内で役員やアドバイザーを務めている会社が複数社あります。

もちろん、日本でも活動しています。サンリオを辞めたあとは「サバティカル・イヤー」と考えて、しばらく何もしないつもりでいましたが、幸いなことにいろいろな企業から声をかけていただき、ピジョン、ＬＩＮＥ（現社名Ｚホールディングス）、トランスコスモスで社外取締役を務めることになりました。

ほかにもスタートアップ企業から大企業まで、さまざまな企業のお手伝いをさせていただいており、経営戦略や海外戦略、知財戦略などをアドバイスするアドバイザリー契約を結んでいる企業が複数社あります。

最近では、「もっと事業に踏み込んでみたい」「より事業に軸足を置くようにしたい」

と考えるようになりました。そのような中、過去にBAPE《ベイプ》ブランドを世界に広げたことで知られ、ルイ・ヴィトンとコラボレーションしたりケンゾーのアーティスティック・ディレクターを務めたりしているNIGO《ニゴ》氏が率い、「HUMAN MADE《ヒューマンメイド》」ブランドを展開するオツモのCSO（最高戦略責任者）にも就任しました。

シリコンバレーにいると最先端の業界で起きていることを常に体感でき、情報のソースを豊富に持つことができるため、今の環境はそういった情報を日本の企業に還元できるという意味でも理想的だと思っています。

サンリオを辞めたときは疲れ切ってしまっていた私ですが、今は毎日が非常に充実しています。

仕事についても、人のつながりやさまざまな知見が広がっているだけでなく、役員を務めるゲーム会社が時価総額10億ドル以上の未上場企業、いわゆるユニコーン企業になるといった実績も出てきています。

「これこそシリコンバレー流の働き方だ」と体感していますし、組織に属さずとも自分の好きなものや興味のあるもの、専門性などを活かしてパフォーマンスを発揮できる今の環境を楽しんでいるのです。

仕事がマンネリ化していないか

シリコンバレーで暮らし、そこで働くようになって、私は「シリコンバレー流」ともいうべき「学び方」も体験することになりました。

私には、学生時代からサラリーマン時代まで実践してきた、自分なりの「勉強法」がありました。それらは若い頃の自分を鍛えることに大いに役立ちましたし、今も継続しているものも多くあります。「生きた勉強」といってもいいかもしれません。

それに加えて私が体得したのは、いわゆる「勉強法」とは少々視点の異なる「発展的に学び続ける方法」です。

このような「学び方」を一部でも実践できれば、日本のみなさんが成長し続けながら長く、楽しく働ける可能性があるのではと考えたのが、本書の執筆の動機です。

日本企業を外から見たときに私が懸念しているのは、新卒入社後は成長のスピードが非常に速い一方で、10年目くらいになると成長機会が少なくなるケースが多いのではないかということです。

日本ではオン・ザ・ジョブ・トレーニング（OJT）で新入社員を育成する方法が浸透しており、経験を通じて学ぶという仕組みが機能しています。

私は座学による「勉強」も大事だと思っていますが、そのような「体験による学び」には、座学では得られない価値があると考えています。

学生から社会人になったとたん、ほんの3～6カ月で、学生時代には想像もつかなかったようなスピードで成長を遂げて「いっぱしの社会人になった」という経験を持っている人は多いでしょう。あのようなラーニングカーブを描けるのは、集中的に新たな体験をするからです。

ここで振り返ってみていただきたいのは、「新卒で入社して以降、当時のようなラーニングカーブを描けたことがあるか？」ということです。

新たな体験を積んで急成長できるのは、一般に入社3年目頃まではないかと思います。入社10年目ともなると、仕事がルーティン化して「学んでいる」「成長している」といった実感を得られないまま、漫然と日々を過ごしている人が多いのではないでしょうか。しかし私は、この「新しい体験を繰り返す」サイクルによって、ラーニングカーブは何度も上向きにさせることができるのではと考えています。

もしみなさんが成長実感のない状態にあるとすれば、少し焦りを感じたほうがいいのかもしれませんし、そのような方にこそこの本を読んでいただく意味があるのではないかと思います。

本書では、まず「学ぶ」「勉強する」ということはどういうことなのかを考えたうえで、社会人が基礎として身につけるべき「勉強法」を押さえ、さらにシリコンバレー流に発展的に「学び続ける方法」を、日本で働くみなさんが実践できることは何かを意識しながら整理して伝えていきたいと思います。

ご紹介していく「学び続ける方法」は、もしかするとみなさんがこの本を手にとったときにイメージしたものとは少々異なるかもしれません。それは自分について知ることであったり、あるいは働く場を変えたりすることであったりします。

先に少し種明かししておきますが、学び続けるための最もシンプルで効果的な方法として「転職」についても一緒に考えていきます。「それがどうして『学び方』なのか」と疑問を抱くことがあっても、どうぞ読み切ってみてください。私自身の失敗も成功も、私が間近に見てきた「普通のサラリーマン」の方が急成長を遂げた実例も、あますところなくお伝えします。

私からのご提案を本気になって実践していただければ、間違いなく、これまでにない学びを得られ、ラーニングカーブをぐっと上向きにさせることができると思いますし、きっとみなさんのお役に立つと確信しています。

シリコンバレーで結果を出す人は何を勉強しているのか／目次

第1章 ビジネスパーソンが基礎として知っておくべき「勉強法」 45

構成　千葉はるか
DTP　美創

序章

早期退職で慌てないために、やっておくべきこと

大人の「勉強」をどう考えるか

読者のみなさんは、勉強は好きでしょうか？　「学び方」の本を手にとるほどですから、学びたいという欲求が強い方が多いかもしれません。あるいは、「勉強は好きではないけれど、将来への不安から勉強すべきではないかと考えている」という方もいるでしょう。

私は周囲から「勉強好きですよね」と言われることがあります。これは、もともと新しいものを学ぶことが好きだからだと思います。私にとって勉強というのは我慢してするものではなく、自分の興味があるものを深掘りすることで、それがそのまま自然と自分の勉強スタイルになっているのだと思います。

私の「勉強歴」はちょっと特殊かもしれません。

小学校1年生から4年生までは親の仕事の都合でオーストラリアで生活していました。そのため、4年生の途中で日本に戻ってきたときは平仮名が書けませんでした。とにかく追いつかなければと焦る気持ちがあり、平仮名ノートや漢字ノートを作って必死に覚えた記憶があります。母によれば、当時は1日5時間も机の前に座っていたそうです。

この頃は「勉強しなければ」と思っていたというより、生き抜く手段として日本語を身につけようとしていたという感覚のほうが強いです。子どもながらに、必死に何かに追いつこうとする気持ちがあり、「生きていくために勉強する」という感覚を持っていたことを覚えています。

中学生の頃には「普通に学校に行き、普通に勉強する」という感じだったのですが、高校生の頃、大手商社に勤めていた父が出張先のロンドンで過労のために急死したことで、私をとりまく状況はガラリと変わることになりました。親族の間でさまざまな問題が起きると勉強に身が入らなくなり、生活が荒れ、成績はどんどん落ちていきました。

当時の私は「社会に裏切られた」という気持ちでいっぱいでした。40歳で過労死してしまった父のことを思うと、会社勤めをすることには抵抗があり、大学時代はレコード店でアルバイトをしながら「このままレコード店の店長になりたい」と考えていたものです。

もともと音楽が大好きで、小学生の頃から図書館に通って、そこにあるレコードを全部聴いたりレコード年鑑を見てレビューを読みながら音楽を聴いたりしていたのですが、私には好きなものについて調べたり収集したりすることに熱中する傾向があるようです。

そんな私が勉強するようになったのは、祖父の死がきっかけでした。

先にも触れた祖父の鳩山道夫は、勉強がとても好きな人でした。60歳になってから毎年1カ国語ずつ学び、1年勉強したあとでその国に行って現地の人と会話を楽しむことを趣味にしており、亡くなるまでに十数カ国語をマスターしていたほどです。

私が高校生の頃、様子を見かねた祖父から「俺は中学生や高校生のときは朝に勉強して、そのあと学校に行って、帰ってきてからも勉強していた。お前はどうしてそんなに勉強しないんだ。そのままだとどうしようもないぞ」とお説教されたことがありました。

私のことを心配してそう言ってくれた祖父に対し、私は「俺はそんな人生はまっぴらだ」と言って反発しました。

そのとき、祖父は怒ることもなく「確かに、俺は友達と遊ぶこともせずに、一人でずっと勉強する学生生活を送っていたけれど、それもどうなんだろうね」というようなことを言ったのです。

その少し寂しそうな様子に、私は「もしかすると、言ってはいけないことを言ってしまったのかもしれない」と感じ、何とも言い難い悲しい気持ちになりました。

祖父がそのあと間もなく亡くなってしまい、私に遺《のこ》した手紙に「ちゃんと勉強してほしい」と書かれているのを読んで以降、私は祖父への負い目から再び勉強に励むようになったのです。

遊び呆《ほう》け、浪人して入った青山学院大学でしたが、ゼミでは人生の師ともいうべき石倉洋子さん（現デジタル庁デジタル監）との出会いに恵まれ、新しいことを学ぶのは面白いのだと思うようになりました。

マーケティングや戦略論は特に興味深く、卒業後はマーケティングの道に進みたいと考えるまでになりました。ひとたび「これは好きだ」と思えれば、関連することを調べたり情報を収集したりするのは、まったく苦になりません。そして三菱商事入社後は、大学で学んだことを実践の場で活かせているという手応えがあり、以来、「新しく何かを学ぶのが楽しい」と感じるサイクルは今日までずっと続いています。

一方、サンリオを辞めてシリコンバレーで暮らし始めてからは、自然に新たな学び方を実践するようになりました。今の私は「学び」について、何よりも自分自身が好きなことややりたいこと、個人としての目的を意識し、その「好きなこと」「やりたいこと」「目的」の方向に進んでいくために必要なものをそろえるようなイメージを持っています。

これは、やはりシリコンバレーにいる周囲の友人たちの影響が大きいのかもしれません。

シリコンバレーにいる人たちは、何かを「勉強する」という感覚が薄いように思います。彼らには、何よりもまずやりたいことや探求しているものがあり、その「やりたいこと」や「探求しているもの」のために必要な経験を積んだりスキルセットを身につけたりしているだけなのです。近年よくいわれる「ミッション・ドリブン」「ビジョン・

ドリブン」とは、まさに彼らのような生き方・働き方なのだと思います。

私が「勉強法」「学び方」について伝えられること

私自身についていえば、いわゆる「ガリ勉」ではまったくありません。

しかし、自分が新たに何かを勉強することに楽しみを見出せるタイプであることは間違いありません。大学時代と三菱商事時代、サンリオ時代には自分の価値を高めることを意識して継続的に学び続けていましたから、その過程で身につけた、「ビジネスパーソンとしての学び方」の基本的な考え方については、みなさんにご紹介する価値があるのではないかと思います。特に20～30代の若手ビジネスパーソンの方には、参考にしていただけるところがあるかもしれません。

第1章では、私が考える若手ビジネスパーソン向けの「勉強法」について紹介します。

加えて、シリコンバレーで生活し、仕事をするようになったことで、より広く深い「学び方」について考えるようになり、実践もするようになりました。私自身がそうであったように、30～40代以降のビジネスパーソンにとって重要なのは、こちらの学び方ではないかと思います。第2章からは、30代や40代以降にラーニングカーブを一気に上向きにさせるための学び方を紹介していきます。

人の「学び」は死ぬまで続く

これから「勉強法」や「学び方」についてご説明していくにあたり、「勉強する」「学ぶ」とはどういうことかを因数分解しておきたいと思います。

一般に日本で「勉強する」というときにイメージされるのは英語でいうと「スタディ（勉強・研究）」でしょう。「スタディ」は、学校で教育を受けたり、本を読んで学んだり、もう少し専門的になると大学で研究したりすることを指します。

たとえば“What did you study?”は「学校（大学や高校）で何を専攻していましたか？」、“Where did you study?”は「どこの学校に行きましたか？」という意味ですから、スタディという言葉はエデュケーション（教育）との結びつきが強いことが窺《うかが》えます。

一方シリコンバレーでは、「勉強する」「学ぶ」を意味する言葉としてスタディよりも「エクスペリエンス（経験）」「ラーニング（学習）」のほうを使う場面が多いように思います。

「エクスペリエンス」とは、周囲にあるものを知覚し、体感して理解するような学びのことをいいます。

たとえば仕事で場数をこなしたり、ハードな現場の経験に耐えたり、あるいは楽しい経験をすることなどを通して、私たちは多くのことを学ぶものです。

「ラーニング」には幅広い意味があり、新たな理解や知識、行動、技能、価値、態度、思考などを獲得する過程のことを指すとされます。たとえばＡＩに大量の情報を与えてあたかも人間が学ぶように学習させるときに使われる言葉は「ラーニング」ですし、反復により鍛錬して技能などを身につけることも「ラーニング」です。

「エクスペリエンス」と「ラーニング」に目を向けて気づくのは、そもそも人間が何かを学ぶということが、意識するしないにかかわらず、生まれてから死ぬまで続くものだということです。机に向かって本を読むことや、試験の準備をすることだけが「勉強」

なのではありません。

もちろん「勉強」も重要であり意義深いものですが、生きていくうえで継続的に学び成長し続けるという観点では、自分がいる環境の中で周囲との相互作用の結果として得られる「学び」、つまりエクスペリエンスやラーニングの質や量を上げていくことが、非常に重要だといえます。


エクスペリエンスやラーニングにおいて重要なのは、人間が歩き方を覚えるときと同じように「転ぶこと」が必要だということです。

シリコンバレーでも「失敗から学ぶ」ことの重要性がしばしば言及されますが、何かを体験してその中で失敗もしながら学ぶという「エクスペリエンス」と「ラーニング」のコンビネーションには高い学習効果があるのです。

シリコンバレー流に、遊ぶように学ぶ

「ラーニング」という言葉の意味は幅広く、たとえばピアノなどの習い事をすることに

も「ラーニング」が使われます。

学びというのは研究やビジネスなどに役立つかどうかを問わず、人間の好奇心が発端となって身につけるあらゆることを指しているものであり、一般に「趣味」と分類されるものであっても立派な「ラーニング」であるといえます。

「ラーン」という言葉の定義を調べると、「遊びは学習の一形態である」と書かれていることに気づきます。そもそも人間は幼い頃、遊びながら何かを学んで成長するものです。公園で遊びながら社会生活を学び、コミュニケーションの取り方を学び、あるいは一人で遊ぶことと友達と遊ぶことを経験して、その違いを学んでいったりします。

言葉を話せるようになる過程も同じで、私たちは無理やり知識を詰め込んで日本語を身につけたわけではなく、体験や経験を通じ、周囲の人から学んできたわけです。

シリコンバレーの人々を見ていて感じるのは、日本的に「知識の詰め込み」で勉強しようとするのではなく、体験や経験を通じ、子どもが遊んでいるかのように学んでいる人が多いということです。

たとえば、荒削りなベンチャーで働いたり起業という大きなチャレンジをしたりして、その過程でうまくいくこともいかないことも経験し、失敗を克服するというサイクルの中で勉強するというのが一つの「シリコンバレー的学び方」の典型といえるでしょうし、特にコロナ禍によって社会が変貌《へんぼう》した現在においてはなおさら、「うまくいかないことからの学び」は重要性を増しているのではないかと思います。

また近年は、40歳、あるいは50歳以上の希望退職者の募集を見かけることが増えました。中年以降、それまでやっていたことの延長線にあるような仕事をするだけですむような時代は終わったのです。

今、日本でこの本を手にとってくださっている方の多くは「シリコンバレー的学び方なんて、自分に縁があるはずがない」「シリコンバレー流なんて言って、ぜんぜん役に立たないんじゃないか」と懐疑的になっているかもしれません。

しかし、**私がご紹介するシリコンバレー的な学び方は、本質的には非常に汎用性が高く、また今からでも実践できることがたくさんあります。**どうぞ、期待して読み進めていただければと思います。

第1章 ビジネスパーソンが基礎として知っておくべき「勉強法」

ビジネスパーソンに「勉強」は必要

序章で紹介した「スタディ」に相当するような勉強は、継続して行うことが大切です。特に若手のビジネスパーソンにとって、地道な勉強は重要だと思います。

ちなみにシリコンバレーでも、若手は研究に力を入れるケースが少なくありません。博士《はくし》号《ごう》（Ph.D.）がビジネスの世界で重視されていることも間違いありません。

専門的な研究については大学で実績を挙げ、その研究をベースにして事業を立ち上げ、20代であっても、あるいは30代以降は当たり前に「世界にインパクトを与えていこう」と考える人が多いのが「シリコンバレー流」かもしれません。大学での研究の多くが、しっかり社会の中でマネタイズされていくわけです。

私自身が20代、30代で力を入れてきた「勉強」は大学での研究のようなものではありませんが、ビジネスの足腰を鍛えるという意味では有用だったと思っていますし、私自身、「勉強」は常に継続しています。

たとえばサンリオ時代の後期には、取締役の役割やガバナンスについて学ぶため、インシアード（フランスにある欧州経営大学院）やハーバード・ビジネス・スクールで講座を受けたりもしていました。学ぶべきテーマがあるのであれば、集中的に「勉強」し、まとめて知識を仕入れることは非常に重要だと思っています。

本章では、仕事の現場で誰もが実践しやすい、私なりの「勉強法」をご紹介したいと思います。

仕事に関連する本すべてに目を通す

就職や転職で新しい会社に入るときや社内で異動するときに必ずやっておきたいのは、職場の外部環境について一通りの情報を洗い出してチェックすることです。業界や競合企業の情報なら、ウェブや新聞の記事、公表されている財務データなど、情報はいくらでもあるはずです。

入社する会社や異動先の売上や利益、自分が配属される部署の社内での位置づけなども、その気になれば調べられることはたくさんあるでしょう。

私が三菱商事に入社したときは、初日の時点で外部から得られる情報は一通り頭に入っていました。そして入社後、私は部署内にある本や資料すべてに目を通しました。終業後に会社に居残って、キャビネットに並んでいる分厚いファイルや書籍などを読み漁《あさ》ったのです。これは、自分がこれから仕事をしていく領域について学ばなければならないことを、できるだけ早く身につけるためです。

当時は物理的にその場にある書類に目を通すしか方法がありませんでしたが、今の時代なら社内の共有データをチェックしたり、オンラインコミュニケーションツールで公開されている過去のやりとりに目を通したりすることも有効でしょう。

このような情報収集は、三菱商事入社時だけでなく、出向や転職などで新しい職場に入ったときは、いつも行ってきました。近年でいえば、シリコンバレーのベンチャーキャピタリストに関する本は、ほぼすべて目を通しています。

自分の仕事に必要な情報は、目の前にたくさんあるものです。しかし情報が目の前にあり、いつでも目を通せる状況だからこそ、多くの人は「必要になったら調べよう」

「そのうち時間をかけて勉強しよう」と考えがちになるのではないでしょうか。

確かに、必要なときにその都度調べるというやり方でも、日々の仕事は回せるかもしれません。しかし、そのようなやり方では、仕事の全体像を見通すための基礎知識を身につけるのに時間がかかってしまいます。すると、指示された仕事を言われたとおりにこなしたり、「上司から怒られないように」という発想で目の前の仕事をこなすことばかり考えたりするようになるのです。

もしも事前に情報収集し、自分が置かれている環境や取り組むべき仕事の全体像が頭の中に入っていれば、指示された仕事が組織の中でどんな意味を持っているか、上司が自分に期待していることは何かを的確につかむことができるでしょう。しっかり準備をして臨めば、仕事のアウトプットの質は確実に上がるはずなのです。

みなさんの目の前にも、実は貴重な情報が目を通されないまま積み上げられていないでしょうか。

「必要なときに見よう」「時間があるときに勉強しよう」と思って放置しているなら、今すぐすべてを頭に入れることをおすすめします。

目の前の仕事に関する情報収集を怠らない

取引先などに行くとき、初めて訪問する会社であれば、行く前にできるだけ詳しく先方のことを調べる習慣をつけましょう。

会社のウェブサイトや過去のニュースなどを見るだけでも、ざっと表面的な情報は押さえられます。できれば決算資料も3、4年分くらい目を通して、業績も確認したいところです。

さらにいえば、私はその会社が属する業界全体のことも、できるだけ詳しく調べることを習慣にしています。市場規模はどれくらいか、競合にはどんな会社があるか、競合企業の業績など、調べようと思えば調べられる、見ておくべき情報はたくさんあるものです。

会う相手が企業のトップの方などで情報を探しやすい場合、その方のこともできるだけ詳しく調べます。インターネットで情報収集し、お話ししている動画があれば視聴するのはもちろんのこと、著作があればそれも買って読みます。

ここまで情報収集に力を入れなくても、表面的な情報を押さえておけば、その場でうまく会話できてしまう人も多いでしょう。しかし、さまざまな情報を調べて、状況をよく理解したうえで相手に会うほうが、「よく知らない人」に会うよりもリラックスして臨むことができます。どんな話が出ても的確に対応できるという自信を持てれば、自分の気持ちが安定するからです。すると会話の中身に集中しやすくなり、面談の場でよりよい対話や交渉ができるようになります。

情報収集を習慣化すると、情報がどんどん蓄積されていきます。1回の機会で得られる情報はたいした量でなくても、それを積み重ねていくと、情報収集をしない人と比べて、ビジネスをするうえでベースとなる知識に大きな差がついていくものです。

調べすぎて損をすることは何一つありませんから、可能な限り、事前に情報を集めて目を通すことをおすすめします。

新しい仕事をするときは一気に勉強する

何事も、最初に知識を仕入れておくことは大きなアドバンテージになるものです。

私は大学時代、授業が始まる前に教科書を読破していました。1冊読むのにそう時間はかかりませんし、何よりも、試験や授業のたびに少しずつ読むのでは全体像をつかみにくいからです。先に全体像を把握しておけば、授業は自分の知識を確認する場となり、さらに理解が深まります。

新しい仕事をすることになったときも、私はまずその分野について一気に勉強することを習慣にしています。

私がエイベックスでイスラエルのIT企業と組んでソフトウェア開発に取り組んだときは、システム開発やコンピュータ言語、アプリケーション制作などについて相当勉強しました。

開発が止まってしまったとき、その理由を知ってエンジニアと対策を話し合うためには、ある程度の知識をつける必要がありましたし、日本人のエンジニアとイスラエル人のエンジニアの間に立って意思疎通を図る役目を果たせるのは私しかいなかったからです。

もしも「私にはシステムのことはよくわからない。プロなんだから何とかしてくれ」

と丸投げして、相手が「無理です。できません」と言えば、そこでプロジェクトをあきらめるしかなくなってしまったでしょう。

難航するプロジェクトを前に進めていくために、私は個別・具体的な細かい問題の原因を理解しながら、プロジェクトの全体像を見通して的確な指示を出すことも求められていました。途中で大失敗と呼ばれたプロジェクトでしたが、そこをクリアできたからこそ、完遂できたのだと思っています。

サンリオに勤務していた当時、広報対応で問題が見つかったときは、書店で10冊ほど本を買ってきて「そもそも広報とはどんな業務を担う部門なのか」から「広報部門による対外的な問題の対処法」まで一気に読み込みました。

そのうえで広報部門のマスコミ対策や、問題が起こったときのための危機管理のパターンを作り、どんなことがあってもスムーズに対応できるよう準備したのです。

サンリオの米国法人に入社した際に人事制度の再設計が必要になったときも、やはり人事制度の考え方や設計法を一気に勉強しました。

そして勉強したことをもとに、自分で人事制度のベースを設計し、外部のコンサルタントに意見を聞くというステップを踏みました。

自社にとって新しい人事制度を導入する意義や、そのときに何が重要なポイントかを熟知すべきなのは、外部のコンサルタントではなく、提案者である私だからです。

それに、そもそもそうしたプロジェクトをやるべきだと思ったのは私ですから、自分が知識をつけてベースを設計したほうがより望ましい制度にできるはずだと考えました。

外注丸投げは、勉強を怠っている証拠

会社で仕事をしていると、自分の専門ではない問題に直面する場面が多々あります。そのようなとき、外部の専門家に任せて対応策を出してもらい、自分はその中から選べばよいと考える人は少なくないでしょう。

しかし、私はそのようなやり方はしません。どんな仕事にも、現場で起きている問題そのものを解決するプロセスに踏み込まなければ、先に進めない場面があるものだからです。

「細かいことはわからないから」などと人任せにせず、自分が現場に入って仕事を進め

ていくことが、実行力、達成力を引き上げることにつながるのです。

自分が関わっているプロジェクトを成功させたいのであれば、自ら必要な知識をつけ、現場や専門家と対等に渡り合えるようになる必要がありますし、そのために勉強をするのは当たり前のことではないかと思います。

このようなやり方では、自分が責任を負うという覚悟が必要です。現場や専門家任せにしておいて、プロジェクトが失敗してから「だって、あなたはこう言いましたよね」などと周囲を責めても、失敗したという結論がくつがえるわけではありません。

常に「自分が責任を負うのだ」という強い責任感を持ち、わからないことがあったときに勉強することを習慣化してこそ、成功の確率が高まるのではないかと思います。

苦手なことこそ、時間をかけて身につける

仕事をしていれば、自分が苦手なことに取り組まなければならない場面が出てくるものです。「人前で話すのは苦手なのに、プレゼンをすることになった」「人にものを教えるのは苦手なのに、後輩を指導しなければならない」といった状況になったとき、みな

さんならどう対応するでしょうか。

苦手は苦手のまま、得意分野で頑張ればいいというのも、一つの考え方です。しかし「苦手なこと」が本当に苦手なのか、試してみることもせずにあきらめるのはもったいないと思います。実は苦手だというのは思い込みで、「まだ経験がなく、チャレンジすらしていない」というケースも多いもの。それに、誰でも初めてやることはうまくいかなくて当然なのです。

やってみることもせず、あるいは一度失敗しただけで「苦手だ」と決めつけてしまわず、時間をかけて身につけようとチャレンジしてみる姿勢が大切です。

私自身、常に苦手なことはあります。

たとえば、私はもともとマーケティングや企画の仕事が好きで、企業経営にはそれほど興味がありませんでした。かつてはマネジメントやファイナンスに関する知識も経験もほとんどなかったのです。

しかし、ビジネスパーソンとしてより大きな結果を出していくためには、これらの知識をつけることが不可欠です。そのことを痛感したのは、三菱商事に在籍していた頃、アメリカでサンリオとの合弁会社を作ろうとして失敗したときです。

私は事前に、エイベックス出向時にお世話になった依田《よだ》巽《たつみ》さん（ギャガ代表取締役社長ＣＥＯ、エイベックス元会長兼社長）にこの件を相談していたのですが、「ファイナンス的にもコスト的にもまったく合わないし、チームの作り方も間違っているから、その合弁会社は成り立たないと思う」という指摘を受けていました。実際に失敗したとき、「依田会長に見えていたことが、私には見えていなかった」と思い知ったのです。

この経験から、私は「次のレベルにステップアップするために、マネジメントやファイナンスを学ぶことが絶対に必要だ」と考え、ハーバード・ビジネス・スクールに留学しました。

勉強したことは、あとで必ず役に立つ

ハーバードで勉強してＭＢＡを取得したことで、マネジメントやファイナンスについてはプロと対等に話し、問題点を的確に把握して、自分で改善案を考えられるレベルの

知識を身につけることができたと思いますし、それはサンリオ米国法人ＣＯＯやサンリオ取締役となってマネジメントをする立場になったときに活かされることになりました。もちろん、現在のＳｏｚｏベンチャーズでの仕事や日米の多くの企業でのアドバイザーとしての仕事も、マネジメントやファイナンスの知識があることは大前提です。時間をかけて苦手な領域を克服したことが、その後のキャリアにつながったことは間違いありません。

20～30代なら、MBA取得もおすすめ

私はハーバード・ビジネス・スクールでＭＢＡを取得したことで、経営の理論的な基礎をしっかり勉強することができたという実感があります。特に20～30代のビジネスパーソンでそういった基礎を身につけたいという意欲がある人であれば、ＭＢＡの取得はおすすめです。私は、20代は多忙すぎたので30代でチャレンジしたわけで、年齢的には遅いほうでしたが、あきらめなくてよかったと思っています。

20～30代にすすめるのは、ＭＢＡでの勉強はあくまでも「スタディ」であり、そのあ

とにエクスペリエンスやラーニングがあってこそ活かされるものだと思うからです。

ＭＢＡ取得後、勉強したことを数年かけてビジネスの現場で実践していくことで、マネジメント力がついてきます。そのようなステップを踏むことを考えると、やはり若いうちにチャレンジしたほうがいいのではないかと思います。

もちろん40代以降の人であっても、学校のようなところに通って勉強するのは意味が大きいと思います。

私自身、40代になってからインシアード（欧州経営大学院）でガバナンスを学びましたし、スタンダードなリーダーシッププログラムをもう一度どこかで学びたいという気持ちもあります。時間とお金が許すのであれば、そういった学びは年齢を問わず、おすすめです。

なお海外の大学では、多くのエグゼクティブ・プログラムから短期のオンライン講座まで幅広い学習機会が提供されています。たとえばｅｄＸ（https://www.edx.org/）では、ハーバード大学やマサチューセッツ工科大学（ＭＩＴ）などのファイナンスやマーケティングはもちろん、ＡＩからブロックチェーンまでさまざまな分野のトップコースを受講できます。

ビジネススクールなどに通うことのメリットは、さまざまな人とのネットワークが築けることもちろんですが、集団で勉強することの意味が大きいように思います。

近年はエデュケーション業界でもさまざまな研究がなされ、勉強は集団で行ったほうが学びの効率が高いといわれて「コーホート型」と呼ばれる共同学習スタイルが広がっているのですが、これは個人的な実感とも一致します。

勉強は仲間と一緒にやったほうが、スピードも効率も深さも出るのです。

ハーバード・ビジネス・スクールでも、5人ほどの「ラーニンググループ」を作って学習効率を高める仕組みが導入されていました。

一人で勉強を続けるのは意志の力が必要で、挫折する確率も高くなります。継続して着実に学ぶための手段としても、ビジネススクールなどの活用を選択肢の一つにしてみてください。

速く深く勉強するには、読書がおすすめ

学校に通うほどではないけれど、何かを手っ取り早く学びたいという場合は、読書が最適です。

最近は動画を学習ツールとして使う人も増えていますが、動画をさらっと見るだけだと「わかったつもり」になりがちです。読書にはしっかり文字を追うことで学びが深くなりやすいこと、短時間でまとまった内容を確実に押さえられること、自分のペースで何度でも読めることなどのメリットがあるように思います。

私自身は、最近は昔より読書量が少なくなったように思いますが、マーケティングにしても企業戦略にしても、世の中で基礎として押さえるべきといわれるものは、ほぼすべて読んできました。

ビジネスの領域で名著といわれる本は大抵のものを読んでいるので、勉強のために読んできた本は数百冊にはなるでしょう。最近、読書量が減っているのは、すでに大量に読書をする過程を終え、それらによるインプットをビジネスの現場で血肉にしてきたからかもしれません。

ちなみに私の読書傾向を振り返ると、最近はソフトスキル（感情的知性や人間性）のほうに関心が向いています。２０２１年に読んだ本で一番面白かったのは、ビル・ゲイツの『地球の未来のため僕が決断したこと』（早川書房）です。

ビル・ゲイツが環境について語っている動画はネット上にいくらでも見つけることができますし、テレビでもインタビューを視聴することができますが、やはり彼の考え方がしっかりまとまった集大成としてこの本を読み通すことには高い価値がありました。

本は紙で読むのが好きなので、今でも書店には足を運びます。体系立てて本を読みたいときには、書店の棚を見てカテゴリー全体を眺めて選びますし、ベストセラーの棚を見て、世の中で注目を集めている本を買うこともよくあります。なお本書の巻末には、分野ごとに私がおすすめする本を紹介していますので、参考にしてみてください。

勉強すべきだと思う領域の主要な本をすべて読み込むなど、みなさんにも読書という手段を徹底的に活用することをおすすめします。

情報収集では「有料」のニュースを読む

紙の本を今でもよく読む一方で、情報収集についてはデジタル化しています。かつては紙の雑誌を好んで読んでいましたが、最新の情報を収集するために今使っているのは、有料のニュースサービスです。アメリカだとグーグルニュースやアップルニュースが充実しているので、サブスクリプションしています。

この2つを活用すれば、自分が好きな雑誌の記事から時事ニュースまで幅広く押さえられるだけでなく、自分の興味・関心に合わせて読むべき記事をピックアップもしてもらえるので、毎朝1時間ほどみっちり情報収集するのが習慣になっています。

一方で、最近のオンラインアプリは自分の好みにカスタマイズされすぎていて、自分の関心が薄いカテゴリーが表示されなくなり、社会の全体像を見失ってしまう面もあります。そのようなデメリットも意識し、これらに加えて、日本の情報なら日経新聞電子版のように情報がカスタマイズされすぎないニュースを見るようにして、情報を全体像で押さえるようにしています。

ネット上のニュースには無料で読めるものもたくさんありますが、やはり有料のものは良質で、分析の深さが違います。きちんと対価を払い、踏み込んだ背景の分析なども読めるものを選ぶのがおすすめです。

日本であればNewsPicks《ニューズピックス》がおすすめでしょう。NewsPicksは、ニュースサイトとして最新情報をタイムリーに読めるだけでなく、ソーシャル型のオンライン経済メディアでもあるので、自分で気になるニュースや情報をピック（投稿）したり、それにコメントしたりすることもできます。また、さまざまな分野の映像コンテンツも豊富です。

「伝える」を練習する

私は今、Newspicksで「伝書鳩《でんしょばと》ＴＶ」という動画ニュースに出ています。これは週に２本、１～２分のアニメ動画でテクノロジー、カルチャー、政治など幅広くアメリカの最新ニュースを取り上げる番組で、アニメの中で私は「Ｒａｙ《レイ》」というキャラクターになって、アメリカの最新事情をわかりやすくお伝えしています。

この番組に出るようになって痛感したのは、「伝える」ということは練習して経験を積まなければ、うまくならないということです。

「伝書鳩ＴＶ」ではアメリカのスタートアップの最先端テクノロジーなどについてもごく短く、やわらかな表現で簡潔に説明しなければなりません。もちろんトピックを選ぶときには視聴者の関心を考えますし、いかに注目を集めるかを工夫しながら話すことにもなります。番組はすでに90回を超えているのですが、この経験を通じて自分の「伝える技術」は確実に伸びていると感じます。

考えてみれば、相手の注意を引きながらわかりやすく簡潔に伝えるというのは、まさにピッチ（短いプレゼンなど）で求められる「伝える技術」と同じなのです。

昔は「伝える技術」といえば、パワーポイントでいかに見栄えのする営業資料を作るかといったテーマが関心を集めていましたが、今の時代はＳＮＳの中で自分をどうアピールし、自分のアイデンティティを作っていくかということが求められるようになっています。

この点は若年層に分があり、少し前ならインスタグラムでいかに「インスタ映え」する投稿ができるかということを自然にトレーニングしていたのではないかと思います。私は残念ながら、意識的に練習しなければ、ＳＮＳ上での表現がうまくならない世代といえるかもしれません。

実際、私はパワーポイントのプレゼン資料を作るのは得意ですが、映像でプレゼンするのは難しいと感じていました。しかし、そのことを自覚できれば、練習して上達すればよいわけです。実際、「伝書鳩ＴＶ」で動画ニュースに出るようになって、私は自分のスキルが明確に上がったと感じています。

今はいうまでもなく「ＳＮＳの時代」であり、インスタグラムでもフェイスブックでもｎｏｔｅでもクラブハウスでも、さまざまなプラットフォームを使って誰でも情報を発信することができます。読者のみなさんには、世代を問わずこうしたツールを活用して「伝える」練習をしてみていただければと思います。

ちなみに、私自身がNewsPicksに出ているから宣伝するというわけではないのですが、NewsPicksは自分のコメントを書き込んで多くの人に自分の考えを見てもらえる

のです。

最終学歴が「中央大学中退」の理由

ここで、私が40代で弁護士資格の取得を志し、結局あきらめることになったエピソードをご紹介します。

この話はある面では失敗談ですが、「スタディ」について考えるうえで示唆になるところがあるのではないかと考え、ここに思い切って書くことにしました。

そもそも弁護士資格を取ろうと思ったのは、サンリオ時代に法務関連の仕事が非常に多かったからです。キャラクタービジネスは知財に関する業務と切っても切れない関係で、国内だけでなく海外の仕事でも法務関連の仕事に長く携わってきました。

そのような環境で、海外のある大手弁護士事務所の方から「あなたは弁護士に向いているから、ちゃんと弁護士資格を取ったら？」と言われたのです。

確かに、契約書を読んだり書いたりすることにはまったく問題なく対応できていたと思いますし、業務上必要だった訴訟の対応も得意でした。

また「弁護士に向いている」と言ってくれた方は、私がものごとをロジカルに考えて発言するところや、さまざまな国の弁護士を取りまとめて方策を打ち立てていく場面での対応力なども見てくれていたようです。自分の中にも「仮にサンリオ側の人間ではなく、弁護士事務所側の立場であっても仕事はできそうだ」という感覚がありました。

また、私の父をはじめ父方に東大法学部卒が多かったことも、少なからず影響していたと思います。

私が大学受験をした当時は、まだ法学部に優秀な人材が集まっていた時代でもあり、自分が法学部に進学しなかったことについてはコンプレックスのようなものを抱いていました。

最初に考えたのはカリフォルニア大学バークレー校のロースクールを受けることでしたが、募集要項を確認して四年制大学で「法学士」を取得しておく必要があることに気づきました。考えてみれば当たり前のことなのですが、私は国際政治経済学部卒ですから、バークレーで学びたいのであれば、どこかの大学の法学部の3年次に編入して法学士を取らなければなりません。

そこでサンリオで働きながら学ぶことを考え、中央大学法学部通信教育課程の3年次に編入したのです。

しかし結局、この勉強は続かず、2年目で中退することになりました。

実際に日本の大学の法学部で勉強するとなると、これも当たり前のことですが、まず憲法や民法、刑法などについて学び、単位を取得していくことになります。

しかし実務で契約書を作るのと、条文を読んで解釈を書くような「勉強」にはギャップがあり、私は早々に挫折したのです。

英語で契約書を読めることと、日本語の古めかしい文体で書かれた条文を読み解くことはまったくの別物であり、教科書を開く気力もなかなか起きないほどでした。

何より、法律の勉強を続けられなかった最大の理由は、サンリオを辞めることになったことでした。

そもそも弁護士資格を取ろうと思ったのは、サンリオでキャラクターの著作権にまつわるＩＰ（Intellectual Property＝知的財産）に特化した法務の重要性に気づき、そのスキルが必要だろうと考えたからです。

私はずっとサンリオに勤めて骨を埋める気持ちでいましたから、転職をしようという考えなど当時は微塵《みじん》もありませんでした。それが、通信教育で法律を学び始めて1年が経った頃に、退職に至ることになったわけです。

この弁護士資格取得のための勉強に限らず、当時の私のすべての学習は「サンリオで活かせるもの」に向かっていました。それが意図せず辞めることになったのですから、タイミングが悪かったともいえるかもしれません。

ちなみに、私の妻は慶應義塾大学法学部を卒業しています。その経験から「あなたには絶対に日本の法学部の勉強は向かないから、やめたほうがいい」とアドバイスされていました。仮に最終学歴を最後に学んだ学校とするのなら、「今の最終学歴はハーバード大学ＭＢＡ。それが中央大学法学部中退となると、これは何ともカッコ悪すぎる」とも言われていました。

結局、彼女の言うとおりになったわけです。

勉強に挫折することでわかることもある

中央大学法学部は中退することになりましたが、私は通信教育課程に申し込んで教科書を手にとり、それを開いて学ぼうとしてみたことは「やってよかった」と思っています。

私が生を受けた鳩山家は、みなさんもご承知のとおり、多くの政治家を輩出していま す。私自身、「いつかは政治家を目指すのかもしれない」と思うことはあり、そのためにも日本で法律を学ぶ必要があるだろうと思い続けていました。しかし実際に思い切って勉強を始めてみたことで、「自分にはまったく向かない」ということを発見することになりました。

思い返せば、大学時代に石倉洋子さんのもとで戦略とマーケティングを学んでいるときは、学ぶ楽しさをずっと感じていました。自分の得意なことをやっているときや自分の興味が向いていることをやっているときは、時間を忘れて没頭でき、「勉強している」という意識を持つことすらなかったほどでした。

当時夢中になって学んでいたことを思い返すと、法学部での学びは、それとはまったく異質なものだったと感じます。

しかしチャレンジしてみたからこそ、そのことがわかり、長年のひっかかりが取れてあきらめがついたのです。

また、自分が勉強を継続できなかったことで、弁護士の方をリスペクトする気持ちは強くなりました。自分にはできないことを成し遂げているという、その一点だけでも尊敬に値すると思っています。

もちろん、法律を学ぶことを一切あきらめたわけではありません。カリフォルニア大学バークレー校は自宅からほど近いところにありますし、バークレー校でなくてもそれ以外のところでもいいので、法律の実務的なことを学ぶ機会を作れないかと考えています。

勉強が「有効でない」場合もある

私のこの経験から、「スタディ」が有効な場合と、そうでない場合について考えてみましょう。

今振り返って思うのは、もしサンリオにずっといたとすれば、その延長線上で何とか法律の勉強を続けられていたかもしれないということです。少しやってみて「この勉強は苦手だ」と気づいてはいましたが、ずっとサンリオにいるのであれば、先に触れた「苦手を克服する」という姿勢で、やり通していた可能性はあると思います。

これは逆にいえば、コンテクストが変わると、「学びたい」という気持ちがきれいになくなってしまう場合もあるということです。

「スタディ」が有効なのは、自分がやってきたことや、これからもやりたいと思っている仕事にどのように役立つかがイメージできていること、あるいは自分が興味を持てることや好きなことを学ぶケースです。

もし「将来を見据えて学ぶ必要を感じているけれど、今すぐ仕事で役に立つわけではない」ことを勉強するなら、具体的に役立てられる場をイメージしてみるといった工夫が必要でしょう。「今の仕事とどう結びつくかイメージができず、好きなことでも興味を持っていることでもない」ものを無理やり勉強しても、成果は期待しにくいのではないかと思います。

みなさんの多くは、学生時代に「将来とどう結びつくのかもわからず、好きでもないし興味もない」ことを我慢して勉強するという経験をしていると思います。

そのような「我慢してやる勉強」を当たり前のものと思わず、「未来に結びつくこと、好きなこと、興味のあることだからこそ勉強する」というようにマインドを切り替えていく必要があるかもしれません。

継続して勉強していくには、タイミングとコンテクストが重要なのです。

「スタディ」で道を切り拓いたナカムラさん

本章の最後に、「スタディ」によってキャリアを切り開いたシリコンバレーの日本人のエピソードを紹介したいと思います。

ナカムラさんは私がシリコンバレーで出会った方で、とにかく「知の獲得」に飽くなき探究心と熱量を持っています。彼は新卒で日本の通信会社に就職し、そこで海外駐在を経験したあと、ノースカロライナ大学でMBAを取得。その後ソフトバンクに転職し、そこでアメリカ駐在のチャンスをつかみました。

アメリカでは、ソフトバンク勤務という「看板」があったこともあり、幅広い人脈を作れることを楽しんだといいます。

しかし、その一方でナカムラさんは、自分からソフトバンクという「看板」がなくなってしまったらどうなるのだろうという危機感を抱きました。

そこで、オンライン講座のスタンフォード・エグゼクティブ・プログラム「ＬＥＡＤ」を２０２０年に受講することにしたのです。

このプログラムはスタンフォード大学で２０１５年にできたもので、1年間に9コースを受講します。ナカムラさんはリーダーシップやファイナンス、組織作りのようなマネジメントの基本などを選択して受講したそうです。

このプログラムの受講により、ナカムラさんは「自分のその後の人生に大きな影響を与えられた」とふり返ります。

プログラムの質が高かっただけでなく、プログラムの参加者の熱量が高く、仲間が熱心に勉強していることに強い刺激を受けたそうです。こうしたエグゼクティブ・プログラムは学んですぐに実践できるタイプのものが多く、学習による成長を実感しやすかったのではないかと思います。

ナカムラさんは「スタンフォードで出会った仲間は、みんながイキイキし、かつワクワクしていて、とにかくポジティブ。最後までやり抜くマインドセットを持つ人ばかりだった」と語ります。

こうした人たちに囲まれて刺激を受け、オンラインラーニングに可能性を感じたナカムラさんは、「学びたい人」と「教えたい人」をつなぎ、同じオンライン学習プラットフォームを提供するユーデミーに転職。現在は同社の日本市場向けのセールス・エグゼクティブを務めています。

ユーデミーは6万人の講師を擁し、４６００万人が学ぶプラットフォーム。２０２１年にはナスダックに上場しており、時価総額は約３０００億円にものぼります。

今や「勉強の伝道者」となってシリコンバレーで新たな道を切り拓いているナカムラさんの学び方からは、「スタディ」の意義はもちろん、周囲の人とともに学び合うことの効果についてもヒントを得られそうです。

第2章

速く、深く学ぶにはコツがいる

勉強したいなら、まず転職する

第1章では「スタディ」の具体的な方法について紹介しましたが、30代以降の読者の方には、「スタディ」だけでなく「エクスペリエンス」と「ラーニング」を意識していただくことが大切ではないかと思っています。

そして、効果的に「エクスペリエンス」と「ラーニング」を行うための方法として、私がみなさんにおすすめしたいのが「転職」です。

特に「今後進みたい道が見えない」「今の仕事がルーティンになってしまっている」「勉強するといっても何から手をつけるべきかわからない」といったように停滞を感じている方は、転職を真剣に検討したほうがよいでしょう。

転職とは、見方を変えれば「新しい環境に入ること」です。つまり、転職することと自体が新たなエクスペリエンスであり、ラーニングとなるわけです。

新しい環境で新たに出会う人たちと関わりながら、さまざまな刺激を受ければ、それだけで経験値が1段階、2段階と引き上げられていきます。

私は転職こそ最高のラーニングの機会であると思っており、個人的にキャリアの相談を受けたときなどにも積極的に転職をすすめるようにしています。

多くの日本人がいまだに転職に抵抗を感じがちであることは「とてももったいない」と思いますし、同じ会社で長く働くことでだんだん刺激を得る機会が減り、成長スピードが鈍化していっている人も多いのではないかという危機感も覚えています。

特に30～40代の方は、多くの企業でかつてのような終身雇用が維持できなくなり、早期退職を迫られるケースもめずらしくない状況において、一つの会社でだけキャリアを積むことにはリスクがある点にも目を向けるべきでしょう。

日本では、転職を考えることがあっても「まずは勉強して、最新の知識を得てから転職しよう」などと考える人も多いように思います。「転職したとして、そこでの仕事に自分が対応できなかったらどうしよう」という不安が、そのように考えさせるのかもしれません。

しかし、勉強して知識をつけてから動くより、転職して新しい環境に入り、新卒入社のときにＯＪＴで経験したような半ば強制的な「エクスペリエンス」「ラーニング」の機会を作るほうが、学びは速く、深くなるでしょう。

もちろん、転職して「失敗だった」となる可能性は常にあります。しかし、失敗してもその経験は残ります。

もし転職して「失敗した」と思ったら、奮起してまた次の環境に身を投じればいいのです。

私も転職で学んできた

私自身は、三菱商事からサンリオに転職したときはさほど深い考えはなく、アメリカで仕事をするチャンスに飛びついただけでした。

思い返せば「いつか日本と海外をつなぐような仕事をしたい」という気持ちは子どもの頃から持っていました。新卒で三菱商事に入ったときも、「海外事業をやりたい」と思っていたのです。

しかし、担当したのは国内のエンターテインメント業界の仕事。もちろん、エイベックスやローソン、サンリオなどの事業に関われたことは恵まれていたと思いますし、当時は存分に仕事を楽しんでいましたが、三菱商事在籍時にハーバード・ビジネス・スクールに留学したことで、海外の仕事への思いは高まることになりました。

そんなときに、サンリオの故・辻邦彦副社長（当時）から「海外事業をやってみないか」と声をかけていただいたのです。

その時点で三菱商事を退職すれば、およそ３０００万円のハーバード・ビジネス・スクールの留学費用は返済しなければならないルールでした。転職して、給料が上がる見込みもありません。それでも私は三菱商事を辞めて、サンリオに飛び込むことにしました。

そうやって思い切って環境を変えてみたところ、私は非常に大きな学びを得ることになったのです。

三菱商事時代はユニット制のような仕組みがあり、１ユニットが５人から十数人ほどの小さな組織で仕事をしていました。また、当時の私は主任クラスで、その上には当然、課長や部長がいました。

それがサンリオ米国法人に転職すると、最高執行責任者として１００人近い現地従業員のトップを務めることになりました。

当時の私に、経営の経験はまったくありませんでした。ハーバード・ビジネス・スクールでＭＢＡを取得していましたからリーダーシップ論もマネジメント論もそれなりに勉強はしていましたが、現場では教科書どおりにいくことといかないことがあります。

もちろん、自分の責任に基づく意思決定をしたこともありません。海外事業も「やってみたい」と思って勉強はしていましたが、実務をやったことはありません。

当時の記憶は少々あいまいで、とにかく必死だったということしか覚えていないのですが、新たな環境の中で「とにかく生き延びなければ」「絶対に成果を出さなければ」という思いを抱いていたことは間違いありません。そしてそのような状況の中、いわゆる「スタディ」とはまったく異なる学習が始まったわけです。

サンリオ時代、私はハローキティのライセンスビジネスで業績を急回復させるなどの実績を残すことができただけでなく、経営者として組織運営を学び、知財ビジネスや海外での事業展開に関する専門的な知識や技能も身につけることができました。

そして今、シリコンバレーでそれらの経験や専門知識を十分に活用して次のステップを楽しんでいます。

今となっては、「転職しなかった自分」を想像することができません。

あのまま三菱商事にとどまっていたら、おそらくビジネスパーソンとして、これほど刺激的な日々を過ごすことはできなかっただろうと思います。

転職を経てわかる自分の価値

転職は新たな学びを得られるだけでなく、自分の価値を客観的に棚卸しするよい機会にもなります。

たとえば、それまで社内で役立っていた業務上のノウハウが、ひとたび転職すると、まったく役立たなくなることがあります。「この案件を通すなら、まず○○さんに話をつけて、次に○○さんに承認を取ればいい」というような知識は、日々の業務では必要かもしれませんが、転職して汎用的に使えるものではありません。
そのようなノウハウがまったく役に立たない場に移ったとき、自分の人材としての市場価値がどこにあるのかを直視せざるを得なくなるわけです。

私自身、サンリオを離れたことで、自分の価値について改めて見つめ直すことになりました。

私は日本企業の海外展開については、実績も自信もあります。しかしサンリオの国内事業についてはあまり見ていませんでしたから、実は国内のキャラクタービジネス業界に太いパイプはありません。

ですから日本の企業から「海外展開したい」と相談を受けたときは力を貸すことができますが、国内での新たな展開を考えたいという相談に対しては「私の専門性があるからこそ提供できるサポート」というのは限られているし、差別化要素も少ないと感じます。

自分の価値を明確にできたことで、現在はそれを活かした仕事をしています。私の強みをシンプルにいえば「日本とアメリカを結びつけられること」「知財関連ビジネスに詳しいこと」です。

シリコンバレーでも多くの人が私をそのような人材として認知してくれているので、「知財のことなら彼に聞けばいい」「日本進出の相談をするなら彼がいい」といったように口コミがどんどん広がり、たくさん仕事の声がかかるようになったのです。

シリコンバレーでは「転職」と「ラーニング」と「キャリアアップ」がセット

自分の経験からも強く思うのは、日本のビジネスパーソンの学び方とシリコンバレー流の学び方には根本的な違いがあるということです。

日本では「勉強する」「学ぶ」といえば、本を読んだり学校に通ったりする座学のようなイメージが強いように感じますが、シリコンバレーでは「転職」と「ラーニング」と「キャリアアップ」はセットになっているのです。

そもそもシリコンバレーに限らず、アメリカでは長く同じ会社に勤めて役職が上がっていくケースはあまりありません。20代の若手の場合はまた少し事情が異なりますが、通常「階級を上げて仕事をしたい」と思えば、転職するのが一般的です。転職することで、給料も役職も上げていくわけです。

多くの人は3〜5年ごとに転職します。30〜40年もビジネスパーソンとして働けば、10社ほど経験するのがごく当たり前です。40代でも、5、6社のキャリアを重ねているという人が多いように思います。

この点の日米の違いについては、サンリオ時代から感じていました。

日本では新卒で採用した生《は》え抜きの社員を主力として考えることが多いと思うのですが、当然ながら、新卒の育成には膨大な時間がかかります。生え抜きの社員は自社での経験しかないので、知見も相応のものにとどまりがちです。

一方、米国子会社で「優秀な人を採用したい」と思ったときは、ヘッドハンターや転職斡旋《あっせん》会社に依頼し、ディズニーやワーナー、ユニバーサルなどでキャリアを積んだ人を探してもらうのが自然な流れでした。

そうやって探すと、「ディズニーとワーナーで仕事をしていました」といったキャリアの持ち主がたくさんいるのです。エンターテインメント業界の知見が深く人脈もあるので、そういった人材はサンリオを成長させていくうえで、とても重宝しました。

アメリカではこのような「転職によるキャリア形成」が一般的なのですが、シリコンバレーが面白いのは、それに加えて企業のステージの変化もあることです。

たとえば、ひとくちに「スタートアップ」といっても、創業者と数人の社員でアイデアを構想しているような企業もあれば、アイデア構想を経てプロトタイプ作りやテストに進む段階の企業、顧客にプロトタイプへの評価をもらう段階から製品のリリースへと進みつつある企業、売上を立ててキャッシュフローを安定させていき、ＩＰＯ（新規公開株）やＭ＆Ａも視野に入ってくる企業まで、一般には「シード（seed）」「アーリー（early）」「ミドル（middle）」「レイター（later）」と呼ばれるような、さまざまな成長段階にある企業がひしめいています。

そして、それぞれの成長ステージで必要とされるスキルや能力、専門性などには当然、違いがあります。ですから、たとえばシリコンバレーで働いている人たちの中には、大企業もスタートアップも経験したうえで「レイターのセールスの仕事が一番自分に合っている」という人もいるわけです。

業界・業種と職種の組み合わせだけでなく、企業の成長段階も加味されるわけですから、仕事の選択肢は非常に豊富だといえます。

シリコンバレーの人たちが転職を繰り返す中で自分の興味・関心や得手不得手を知り、知見を重ねていく様子を見ていると「キャリアとはこうやって築いていくものなのか」と痛感させられます。

ちなみに、シリコンバレーでは「失敗も、その人の資産」とみなされます。

当たり前の話ですが、「このステージで、このような失敗をした」という経験は、「同じ失敗をしないようにチェックできる」という意味で資産になるからです。失敗が怖いから転職しないというようなマインドはない、といっていいでしょう。

同僚の成功、出世を喜ぶワケ

転職を重ねているので、シリコンバレーで活躍している人たちは当然のように豊富な人脈を持っています。

おおよそ3年ごとに転職し、そのたびに新しい人たちと仕事をしていけば、ネットワークが広がっていくのは、ごく自然なことなのです。

転職することによって、いかに有機的にネットワークをつなげていくかが、その人の価値の一部になるという見方もできます。

実際、IT業界で働く人の中には「エンジニアとしてアップルとウーバー・テクノロジーズとテスラで働き、今はスタートアップで仕事をしている」といった人がゴロゴロいます。

そういった人は「アップルの人なら一緒に働いていましたよ」「テスラに元同僚がいます」ということになるわけで、日本で一般にイメージされる「人脈」よりも、ずっと強靭《きょうじん》で深いつながりを持っているといえます。

ネットワークが大切にされる社会では、周囲の人に対して「成功してほしい」「出世してほしい」という気持ちを抱き、相手に対して協力的になりやすくなります。

日本では同じ会社で仕事をする同僚はライバルであり、出世競争の中で勝ち残るために周囲を蹴落とそうとする人もいますが、シリコンバレーではそのようなことは、まず起きません。

人材の流動性が高いので、転職後に前の勤務先に営業に行ったり「コラボレーションしましょう」という話になって、前職と現職の同僚同士を結びつけたりといった場面が頻繁にあるからです。

上司であれ部下であれ同僚であれ、自分にとって頼れるネットワークとしてずっと生き続けるということになれば、大事にしない理由はありません。

自分のネットワークにいる人たちが大きく成功すれば、それはそのまま自分のネットワークの価値の向上を意味します。

「成功してほしい」「出世してほしい」という気持ちは、相手のためであると同時に自分のためでもあるのです。

ちなみに、次々に新興企業が生まれて伸びていくシリコンバレーの世界では、経験豊富な上司だからといって若手をなめてかかるような姿勢の人はほとんどいません。目の前にいる新人は、もしかすると次のマーク・ザッカーバーグかもしれないのです。年齢や階級といったものには、あまり意味がないといっていいでしょう。

実際、元部下が有望なスタートアップを立ち上げて「先輩、私の会社を手伝っていただけませんか」と言われるといった場面がリアルにあるのがシリコンバレー。そして、そういった機会は、上司や同僚からもたらされることもありますが、確率でいえば、若く優秀な人材からもたらされるほうが高いのです。

「捨てられにくい人材」になるための近道

ここまでしつこく「シリコンバレー流」の転職についてお伝えしてきましたが、私自身、シリコンバレーの人々のようにキャリアを形成してきたわけではありません。

新卒で三菱商事に入り、一度サンリオに転職して、辞めたあとは自由に働いているというだけです。

日本でも、外資系企業を渡り歩いてキャリアを積む人もたくさんいますから、そういった方々と比べれば「普通の日本のサラリーマン」寄りではないかと思います。また、有り体《てい》にいえば、サンリオはクビになったも同然でした。「骨を埋めるつもりだった会社に捨てられる」という経験もしたわけです。

そのような経験もしたからこそ、私は日本でもシリコンバレー流に転職し、エクスペリエンスとラーニングによる「学び」を重ねて成長していくようなキャリア形成をすすめたいのです。

現実的な問題として、早期退職やリストラが当たり前に実施される昨今、さまざまな経験を積んでスキルセットを厚くしておくことは「捨てられにくい人材」になるための近道です。

「自分が会社に捨てられるようなことは絶対にない」と思っている方もいるかもしれませんが、仕事ができるかどうかにかかわらず、たとえば上司になった人との折り合いが悪いといった理由で会社に居場所がなくなるケースもあります。

20代から40年以上にわたって仕事をしていく中では、「今の仕事を続けたくても続けられない事情」が出てくる可能性は決して低くありません。

日本においても、1社だけで働き続けるようなキャリアの積み方はリスクが高く、合理性がないといっていいでしょう。

定年退職後も働き続けるためには、転職経験が不可欠

また、すでに聞き飽きるほど言われているように、今は「人生１００年時代」です。60歳で定年退職したとして、もし90歳まで生きれば30年もの時間が残されています。老後資金の問題もありますし、60歳といえばまだまだ活躍できる年齢ですから、「何か仕事をしたい」「働きたい」と考える人が多いのではないでしょうか。

そして60歳以降に働こうと考えたとき、より活躍できるのは転職経験者である可能性が高いでしょう。

60歳まで一つの会社で勤め上げたという人がまったく新しい環境で働き始めるときは、慣れるだけでも時間がかかることは想像に難くありません。

上司として部下のマネジメントをしてきて「実務から離れて長い」という人の場合は

なおのこと、難しさを感じる可能性が高いと思います。

一方で30代、40代で転職を経験してきた人は、新しい環境に慣れるというのがどういうことか、そこでどのような「学び」が起き、自分が成長するのかということを体感しています。

そのような経験を複数持っている人であれば、60歳以降で新たな場に入っても、また新たに学ぶことを楽しめるのではないかと思います。

「新しい会社に入る」という行為そのものに慣れておくことは、第二の人生を歩むときにアドバンテージになるでしょう。


なお、日本では転職するのに「○歳限界説」などということがいわれ、年齢しだいで転職の可否が決まるかのように考える人もいます。実際、採用する企業側でも年齢を気にするケースはあるでしょう。

この点、シリコンバレーは人材の採用にあたり、年齢や性別を尋ねてはいけないことになっています。実際にパフォーマンスを出せる人材であれば、年齢など誰も気にしません。お互いに年齢を尋ねることもありません。

そして、70代か80代くらいだろうと思われる人が現役で活躍しています。キャリアを重ねてきて価値のある人材であれば、年齢に関係なくニーズは高いのです。少子高齢化が進み、労働人口の減少が懸念される日本においても、今後は年齢に関係なく、その人の人材としての価値だけが問われるようになっていくのではないかと思います。

さらに付け加えるなら、たとえば私がアメリカのスタートアップの日本進出をサポートするとき、定年に近い方に「日本に進出するスタートアップで働きませんか」と声をかけることがあります。

60代というのは、制度上は定年になってしまったとしても、実際のところはまだまだ若く十分に活躍できる年齢です。それにスタートアップに足りないもの、たとえば長年働いてきた業界内の人脈なども、ある程度は持っているでしょう。転職経験がなくても、新しい環境に入ってチャレンジしてみようという柔軟な気持ちを持つことができれば、培ってきたキャリアやネットワークを活かして定年後に活躍することは十分に可能です。

ラーニングカーブを上向きにさせるためには転職をおすすめしたいのですが、「転職に踏み切るのはハードルが高い」と感じる人も多いでしょう。

その場合には、まず「社内転職」を目指すべきです。

「社内転職」のすすめ

会社の中には、営業、経理、企画、経営、監査などさまざまな部署があります。そして、それらの部署が担う業務は同じ会社であっても、まったく異なるものです。

営業部にいれば製品やサービスを売ることが仕事になりますし、経理部であれば伝票の作成から会社によっては財務まで見るケースもあります。経営企画は会社全体の舵取《かじと》りを求められ、上場企業であればＩＲ（投資家向け広報）などを担うこともあるでしょう。

一つの部署で一つの機能だけを担っていると、ルーティーンで仕事を回すことになりがちで、新たなスキルセットを身につける機会はどうしても少なくなります。学びを加速させるには、これまでとは違う部署への異動希望を出すなどして新しい環境に身を置くことが有効です。

また、部署を異動すると、当然ながら上司や同僚、部下の顔ぶれも変わります。社内人脈が広がれば、部署を横断したプロジェクトに挑戦するチャンスもおのずと増えるでしょう。

「社内転職」をおすすめするのは、私自身が三菱商事で「社内転職」を重ねたことで、経験値を積み上げたという実感があることも理由の一つです。

かつては総合商社に入ったら一つの領域を極めるものだというイメージがあったかもしれませんが、近年は必ずしもそうではありません。

私は三菱商事時代、ＣＤやＤＶＤなど光学ディスクを受託製造するメモリーテックや、音楽配信事業を立ち上げようとしていた時代のエイベックス、新浪剛史《にいなみたけし》さんが社長だった当時のローソンなどで経験を積むことができました。

サンリオへの投資にも関わりましたし、コンサルティング会社を活用しながら本部の戦略を立案するといった業務を担ったこともあります。

これらの経験を通じて、製造業やエンターテインメント事業などさまざまな業界の知見を深めることができました。

振り返ると、私は一つの会社に10年勤め続けながらも、その中で「疑似転職」を重ね、それによってラーニングカーブを常に急角度に保ち続けてきたのだと見ることもできます。

先にご説明したように、アメリカでは3年程度で転職することでラーニングカーブを上向きにさせ、新たな知識・経験を身につけて人脈を増やしていくのが一般的ですが、三菱商事では転職することなく自然にそのような経験ができ、のちのキャリアにつながっていったように思います。

そのような観点でいえば、これから社会に出ていくという人には、1社目として総合商社を選ぶというのも、いい選択肢かもしれません。

総合商社はさまざまな業界でビジネスをしているので、私が三菱商事で働いていた当時は、社内人脈を広げることが、そのままさまざまな業界に人脈を広げることにもつながったという実感もあります。

また、若い頃からマネジメントに関わらせてもらえる機会が多く、経営者の視点を持てることも魅力です。

私の同期は何十人もＭＢＡを取得しており、ハーバード・ビジネス・スクールだけでも私より先にＭＢＡを取得した人が３人いました。

同じ目標に向かって努力できる同僚たちに恵まれたことはラッキーだったと思いますし、今でも三菱商事時代の同期や先輩、後輩たちには刺激をもらっています。

シリコンバレーでMBAがいらない理由

ＭＢＡの取得は私自身にとっては必要なことだったと思いますし、先にも触れたように、意欲のある若手ビジネスパーソンがＭＢＡを目指すのは賛成です。

しかしシリコンバレーで仕事をしていて感じるのは、ここではＭＢＡはいらないのではないかということです。

それは「スタディ」と「ラーニング」「エクスペリエンス」という学び方の違いを意識したとき、よりスピーディーに学びを深めて成長していくには、「ラーニング」と「エクスペリエンス」が鍵を握るからです。

一般に、ＭＢＡではケーススタディを通じて学びます。実際に企業が置かれたシチュエーションを想定し、その中でどのような意思決定をすべきかを考えるわけです。

一方、ベンチャーキャピタリストやスタートアップの経営者は、こういったことを「スタディ」ではなく「ラーニング」と「エクスペリエンス」で毎日ダイナミックに学ぶことになります。

それも、「明日には資金繰りが行き詰まるが、どうすればいいのか」といったようなぎりぎりの判断を迫られる場面が多いのです。

リアルタイムで、自分自身がリスクを取り、その結果に責任を負うという状態で次々に問題に取り組んでいくわけですから、そのような環境にいれば嫌でも猛烈なスピードで成長していくことになります。

特にベンチャーキャピタリストやアドバイザーなど、さまざまな知見を持つ人の力を借りてスタートアップを経営している場合、成長カーブは急角度で上向きになるでしょう。

実際、シリコンバレーでスタートアップのファウンダー（創設者）に会っていて感じるのは、高校や大学を中退して成功しているケースが非常に多いということです。

先日会った20代のスタートアップ経営者は、ペイパル創業者でエンジェル投資家（創業間もない企業に資金を出す個人の投資家）として著名なピーター・ティールからも出資を受けた人物で、自分が立ち上げたスタートアップ2社を売却して何十億円ものお金を手にしており、現在3社目を経営しています。

その彼は、シリコンバレーの地元の有名な高校を卒業して、南カリフォルニア大学に進学しましたが、1年で中退しているのです。

考えてみれば、マイクロソフト創業者のビル・ゲイツやフェイスブック創業者のマーク・ザッカーバーグも、ハーバード大学を中退しています。

大学でテキストを読んだりサークル活動をしたりしている時間があるのであれば、その間にスタートアップでさまざまな経験を積んだほうが急成長できるのでしょう。

「スタディ」の重要性を否定するわけではありませんが、「ラーニング」や「エクスペリエンス」により高い価値を見出すのが、シリコンバレー流ということなのかもしれません。

アメリカにはなぜ受験勉強がないのか

アメリカと日本の「学び方」について考えるとき、大きく根本的な違いがあることに気づきます。それは、アメリカに「受験勉強」が存在しないことです。

息子が高校の最終学年を迎えて「受験生」になったときのことです。いよいよ受験1週間前という時期になっても友達と遊びに出かけたりする様子を見て、私は思わずアメリカ人の友人に「アメリカの高校生は受験に備えて勉強しないの？」と尋ねました。すると逆に「受験に備えた勉強というのは、どういうこと？」と不思議そうな顔をされてしまったのです。

アメリカでは「受験勉強」という概念がなく、それに相当する言葉もないのです。

これは、アメリカの大学受験のシステムが高校時代の学校の成績を長期的に評価する仕組みになっているからです。

また、学校の成績はグループワークやプレゼンテーション、レポートの提出などによって決まります。ですから学校では、受験が近づく頃には自分の成績はだいたい決まっており、どの大学に入れそうかといったことも、おおよそ見当がついているのです。

一方、日本ではみなさんご存じのとおり、基本的に大学入試は一度の試験の点数が評価を大きく左右します。その一度の試験のために「受験勉強」をし、受験の日に向けて追い込んでいくのが一般的です。

高校3年生になってから急に勉強に目覚め、寝る間も惜しんで机に向かい、晴れて東京大学に合格する……といったストーリーもあり得ます。しかしこれは、アメリカでは起こり得ないわけです。

おそらく、読者のみなさんは「アメリカの大学は入学するのは簡単だけれど、卒業するのが難しい」という話を聞いたことがあるのではないかと思います。これは、日本の大学と違ってアメリカでは事前の準備が大変なグループワークやたくさんの提出すべきレポートがあるからです。

実は、こういった学び方を高校時代にしっかりやれているかどうかが、大学受験の際に、すでに問われています。

また、大学で専攻する科目でよい成績を収めているかどうか、学校でよい成績を取るだけでなく社会的な活動にも参加できているかどうか、なども見られます。

さらに自分をアピールするためのエッセイも重要で、その中で「これまでどのような活動をしてきたか」「将来は何をやっていきたいか」といったことを表現する力が重視されるのが、アメリカの学校教育の特徴といえるでしょう。

このように、アメリカでは知識の詰め込みで勉強するという経験を小学校でも中学校でも高校でもしないまま、大学生になっていきます。

日本人の多くは「勉強＝スタディ」のイメージを持ち、学生が机に向かって何時間もテキストを読んだり、それを丸暗記したりするのは当たり前のことと感じるかもしれませんが、日本流の「スタディ」は、もともとアメリカの教育システムにはないのです。

アメリカの教育システムがフォーカスしているのは「ラーニング」と「エクスペリエンス」であり、彼らと競争したり一緒に仕事をしたりしていくうえでは、幼い頃から「スタディ」とは別の学び方を実践してきた人々であることを念頭に置く必要があります。

私は、この日米の違いはとても興味深いと感じています。

注意していただきたいのは、私が日本式の詰め込み教育を否定しているわけではないということです。受験勉強を経て獲得した知識や、「スタディ」の経験そのものが役立つ面はもちろん、たくさんあります。

私の息子を見ていると、日本の学校に通っていた時期もあったためペーパーテストに強く、ほとんど勉強らしいことをしていなくても満点に近いスコアを取るので感心することもあります。

この「スタディ」する力に加えて、「ラーニング」と「エクスペリエンス」でどんどん学んでいく力を身につけた人は、学び方において無敵になれるでしょう。

本書で日本人のみなさんがシリコンバレー流の学び方を知る意味は、まさにそこにあるのではないかと思っています。

自社と自分の成長に賭けられるか

先に、シリコンバレーでは年収1億円ほど稼ぐ人はまったくめずらしくない、ということをご説明しました。なぜ、そのように稼げるのかといえば、ストックオプションで企業の成長の果実を得る人が多いことが大きな理由です。

ストックオプションとは「従業員や取締役が、あらかじめ定められた価格で自社株を取得できる権利」です。将来、株価が上昇したときにストックオプションを行使すると、「あらかじめ定められた価格」と「そのときの株価」の差の分を利益として得られる仕組みです。つまり、会社の業績が伸びて株価が上昇すればするほど、ストックオプションを持つ人の利益が増大するわけです。

私の友人に、かつてネットフリックスで働いていたデイビットという男性がいます。彼とは、ハーバード時代にアカペラグループで一緒に活動していました。

ネットフリックスには給料をストックオプションに自由に割り振れる制度があり、彼は２００７年にネットフリックスに入ってから、ずっと給料の９割をストックオプションにしていました。

当時のネットフリックスの株価は３ドルほどでしたが、２０２２年１月時点で株価は５５０ドルを超えています。ざっと１８０倍です。仮に２００７年大学院修了当時の年収が１５００万円だとして、そのうち９割にあたる１３５０万円をストックオプションで受け取って今でも保有していたとすると、入社１年目のストックオプション分だけでも現在の価格は25億円近い計算になります。

もちろん、もしネットフリックスが潰れていれば、ストックオプションは無価値になります。ですから、彼は相応のリスクを負って、このような選択をしたわけです。

しかしシリコンバレーで働く人は、割合はさておき、ストックオプションを選択するケースが多いのではないかと思います。「自社の成長に賭けられないなら、そもそもその会社で働く意味がない」ということなのでしょう。

彼はその後、ネットフリックスを辞め、ロサンゼルスに大きな家を建てました。現在は、空調や配管などの工事を担う施工業者向けの事業管理システムを提供するサービスタイタンというスタートアップでCFOを務めています。ニッチなビジネスですが、今後の成長が非常に期待されている企業です。

ネットフリックスでの成功を経ても満足することなく、次のビジネスにチャレンジしている様子も、シリコンバレーの人らしい生き方だと感じます。

30～40代はスタートアップに移って株を持つ

ネットフリックスで働いていた私の友人のケースは特殊なものではなく、シリコンバレーでは「給料よりも株式」という考えが根づいています。

だからこそ、シリコンバレーの人たちは大きく稼いでいるのです。

失敗してもキャリアの形成にプラスにすることができ、次のチャンスもあるという背景もあってか、よくも悪くも「一攫千金」の発想を持って、リスクを取りながら大きなリターンを狙うのがシリコンバレー流であるともいえます。

私は、このようなシステムは、日本でもどんどん採用されるべきだと思っています。

大きく稼げる可能性がないまま、成長が鈍化した企業にしがみつくしか方法がない状況では、「勉強しよう」と奮起しようにも、モチベーションが上がりにくいのではないかと思いますし、そのような環境では働く人の成長が促されず、もったいないと思うからです。

ですから、私が30代後半から40代くらいまでのビジネスパーソンに伝えたいのは、スタートアップに移って、ストックオプションをもらうべきだということです。

有望なスタートアップは日本でも続々登場していますから、はっきりとストックオプションを要求して転職するのがおすすめです。あるいは日本に進出するシリコンバレー発のスタートアップへの転職を考えてもいいでしょう。

日本でも、株式を持つことで「努力が報われる」ということを体感できる機会が増えてほしいと思っています。

日本に進出する海外ベンチャーを狙え

「シリコンバレー発のスタートアップへの転職を」と聞いても、「現実味がない」と感じる人が多いかもしれません。しかし、それは転職市場の実情を知らないからではないかと思います。

海外の企業が日本に進出する際、日本ならではの知見や業界のネットワークを持つ人材を採用しようとするケースはたくさんあります。ところが、なかなか採用がうまくいかないのです。

原因は、日本における人材の流動性の低さにあります。終身雇用が長く続いた弊害か「大企業にしがみついているほうが安心だ」と考える人が多いのかもしれませんし、今の会社にいるよりも外に出たほうが価値を認められるケースが多々あることに気づいていないのかもしれません。

そもそもユニコーン企業は、10年前には世界で見ても30社ほどしかありませんでしたが、現在は800社を超えています。それだけ、世界中で有望なスタートアップが増えているわけです。

背景にあるのは、やはりDX（デジタルトランスフォーメーション）でしょう。特にコロナ禍以降はデジタルシフトが進み、新たなサービスを提供する企業の中から急成長するところが続々と誕生しています。そういった世界の流れに、まず目を向けるべきです。

デジタルシフトというのはその言葉のとおり、もともとあった製品やサービスがデジタルに「シフト」していくということです。そこにはテクノロジーが必要であり、旧来の仕組みに縛られずにやることが重要な場面もありますが、一方で旧来の産業の中で培われてきたオペレーションなどのノウハウがあることが前提となる場合も多いわけです。

そこに「昔ながらのノウハウ」を持っている人材が活躍できる余地があるのです。

特に今、衰退しつつある産業では今後のＤＸ化が見込まれるでしょうし、これまでのノウハウをデジタル化する必要がある場面では、旧来型の仕事をしてきた人たちのノウハウへのニーズも高まると考えられます。

シリコンバレー発の会社でなくても、ここ5年ほどの間で日本の状況も大きく変わって、スタートアップが生まれやすい環境が整ってきていますから、同様の動きが活発化することは間違いありません。

実は今、世の中にはこれまでのキャリアを活かして「一攫千金」も狙える、ワクワクするようなチャンスがたくさんあるのです。

もちろん、そのチャンスをつかんで環境を変えれば、新たなエクスペリエンスとラーニングがみなさんを成長させ、今後の転職市場での価値を高めることにもなるでしょう。

新たな環境での学びには努力が必要であり、当然、苦労することもあると思いますが、それでもチャレンジする価値は高いと思います。

転職が少ない業界の人ほど転職すべし

私は日本に帰って人と話す機会があると、よく「転職が少ない業界ほど、今転職したほうがいい」と言っています。

たとえば、自動車業界です。

ガソリン車から電気自動車へと根本的な機構が変わりつつある中、自動車産業の心臓部であった内燃機関が不要になる時代も迫っています。

かつて自動車というのは技術力のある大手自動車メーカーしか作り得ないものでしたが、電気自動車の普及によって、そのような構図は大きく変わると考えられます。

一方で、自動運転のテクノロジーは着実に進化を遂げており、自動車産業の軸足はハードウェアからソフトウェアへと急速に移ってきているわけです。

このような背景から、アメリカでは自動車業界からソフトウェア業界に転職する人が増えています。ソフトウェア業界からすれば、自動車業界のニーズを把握して開発を進めていくとなれば、自動車メーカーなどで働いてきた人に入ってもらうのが手っ取り早いでしょう。

また、自動車業界は大手自動車メーカーを頂点とした閉鎖的なネットワークの中に、限られたプレイヤーしかいなかった状況です。ソフトウェア業界の人たちがそういったネットワークに入っていこうとするとき、これまでそのネットワークの中で仕事をしてきて業界内のルールや事情をよく知っている人は、心強い先導役になり得ます。

もちろん、このような状況が永遠に続くわけではありません。

今はまだソフトウェア業界に自動車業界のノウハウが持ち込まれていないため、持ち込んでくれる人材に高い価値が認められます。しかし今後、新たなノウハウが確立されるに従って、旧自動車業界の人材へのニーズは減少していくでしょう。

変革が起き始めたときに、それを察知し、リスクを取って周囲に先んじて動く人でなければ、メリットは享受できないのです。

物流業界も要チェックです。

物流はエンドユーザーに物を届ける際の最後の接点となる「ラストワンマイル」の課題解決や、ｅコマースへの急速なシフトによる物流への負荷を、テクノロジーによってどう改善するかといった点で注目が高まっています。

物流業界は今、さまざまなスタートアップが生まれるデジタル化の最前線ともいうべき世界になっているのです。

その一方、ものを運ぶには人の手が必要であり、デジタル化がなかなか進みにくい業界であるともいえます。

これからデジタルシフトしていくとき、アナログで物流を回してきた人材の知見は重宝されることになるでしょう。日本の大手物流業界で経験を積んだ人材は、海外のスタートアップでニーズが高まると思います。

もう一つ注目したいのは金融業界です。窓口業務のオンライン化や電子決済の普及など、急速にデジタル化が進む業界ですが、規制業界であるため、デジタル化を推進する場合には旧来型の業務の知見が必要になる場面が多いといえます。

これはアメリカでも日本でも同様の動きがあるといえますし、海外から日本に進出しようとするスタートアップについていえば、日本独自の規制について深く理解している人材は喉から手が出るほどほしいでしょう。

その観点でいえば、従来は花形とはみなされていなかったようなオペレーションを担う人材に大きなチャンスがあるのではないかと思います。

転職のチャンスが多い「職種」もある

これは日本国内の企業の事情ですが、職種でいえば内部監査の経験者には転職のチャンスが多そうです。

かつて内部監査は「新聞を読んでいるだけのオジサンが集まっている部署」「左遷先の部署」といったネガティブなイメージもあったかもしれません。また、その業務について「ただハンコを押せばいい仕事」と考えられていた時代もありました。

しかし、ガバナンス強化の流れの中では、その重要性が高まっており、もはや傍流とはいえない業務になっています。

実際、上場企業などでも内部監査を担う組織を強化し、人員を増やしているケースはめずらしくありません。

ニーズが増えている割に経験者が少ないため、内部監査の経験がある人は好条件で転職できる可能性が高いです。実は、私も日本の会社から内部監査の経験者を採用したいという相談を受けたことがあります。

保守的な考えの方が多くなかなか転職に踏み切る人が少ない印象でしたが、今がチャンスだということは、もっと知られてよいように思います。

監査の業務については、上場に向けた監査などの経験を積むと、より転職市場での価値が高まるでしょう。上場を目指すベンチャーが増える中、ニーズが増えていくことは間違いなさそうです。

できれば1社だけでなく複数の会社で経験を積むと、より汎用性の高い知見を蓄積できます。

コロナ禍を機に仕事のやり方が変わった業界が有望

もう一つ、私が注目しているのは、コロナ禍を経て仕事のやり方が根本から変わることを迫られている業界です。

たとえばヘルスケア業界は、デジタル化がこれから急速に進むでしょう。ウェアラブルのデジタル機器を活用し、オンラインサービスを通じた健康管理やダイエットのサポートなどが充実していくことが予想され、これまで対面でヘルスケアサービスを提供していた人たちの働き方も大きく変わっていくことになると考えられます。

アパレルなどのショップ販売員の仕事も、従来は対面でなければできないものと考えられていたと思いますが、コロナ禍で対面販売が難しい状況の中で、オンラインによる販売がメジャーになりつつあります。

「ジャパネットたかた」のようにテレビで商品の魅力をアピールして通信販売するというビジネスは、以前は限られた企業しか手掛けていませんでしたが、中国やアメリカではインターネットのプラットフォームを使い「ジャパネットたかた」のような方式で販売員がものを売るビジネスがどんどん登場しているのです。

このような売り方がより存在感を高めることになれば、ショップの店頭に立っていた販売員の人たちの働き方も変化していくでしょう。

これからは、オンラインでいかに商品の魅力を伝えられるかが問われるようになるのです。

世の中は常に変化し続けており、たとえば金融機関はフィンテックの登場で窓口業務がアプリに取って代わられつつありますし、コンテンツ業界に目を向ければ、若者がテレビを見なくなりユーチューブなど動画サイトの存在感が圧倒的に高まっています。

マーケティングも、テレビＣＭのようなマス広告から、ターゲティング広告やＳＮＳ型、インフルエンサー型へと主戦場が変わりつつあります。

シリコンバレーでいえば、「ドットコムブーム」「ウェブ２・０」などという言葉が流《は》行《や》った時代もありましたが、現在はブロックチェーンやＶＲの技術といった「ウェブ３・０」が新たなトレンドを生み出しているわけです。

これから転職を考えるみなさんには、こういったトレンドにいかに乗っていくか、トレンドが変わっていく節目に自分自身がどう行動するかという視点を持つことが大切ではないかと思います。

営業やマーケティングも高いニーズがある

マーケティングや営業などの職種も、汎用性のあるスキルを身につけている人材であれば、転職市場で高いニーズがあります。

たとえば私の知人は、日本のアパレル企業でマーケティング職についていた経験を活かして、外資系のオンラインブランドに転職しました。

日本とアメリカでは消費者の価値観や考え方などに違いがありますし、マーケティングの手法にも日本独自のものがあるため、その橋渡しができる人材は、日本進出を考える企業にとって魅力的なのです。

ただし、「マーケティング部門に所属して仕事をした経験がある」「営業部門で高い実

川端康成と女たち

小谷野敦

実在する女性たちの像が鏤《ちりば》められた美しき川端作品の数々は、古今東西の名作のご多分に漏れず、今少しずつかつてと違う読み方をされつつある。ポリコレやフェミ思考も迫る中、川端作品はどれが名作として生き残れるか。高校時代に『眠れる美女』に衝撃を受けて以来の川端好きの著者が、『雪国』『伊豆の踊子』『片腕』など10の人気作を〝女性〟を切口に再読する。

●990円

はじめてのトライアスロン

倉阪鬼一郎

トライアスロンといえば、すぐに「鉄人レース《アイアンマン》」（水泳３・８km、自転車１８０km、走り42・１９５km）が思い浮かぶ。が、体にあまりダメージが残らないオリンピック公式距離（同１・５km、40km、10km）や、もっと短い距離（同７５０m、20km、５kmやそれ以下）の大会も多数存在する。46歳まで運動経験皆無、52歳までカナヅチだった著者の、最底辺からの体験的入門書。

●1034円

宇宙の秘密を解き明かす24のスゴい数式

高水裕一

数式とは、森羅万象をもっとも正確に、シンプルに、奥深く記述できる「神様の言語」。それは、天才科学者たちが人生をかけて発見した人類の宝物でもある。本書では、ミクロの不思議な世界から宇宙誕生の謎まで、この世界のしくみを教えてくれる24の数式を厳選。おもしろい発見秘話も交えて、各数式の「推しポイント」を解説！　楽しい仕掛け満載の宇宙論入門。

●1034円

異端の人間学

五木寛之　佐藤優

2刷

野蛮で残酷、時に繊細で芸術に過剰なまでの情熱を傾けるロシア人。日本と近く、欧米に憧れて近代化した似通った過去も持つ。だが私達は隣国の本性を知っていると言えるのか。欧米中心のヘゲモニーが崩れゆく今、ロシアを理解し得なければ、今後日本は生き残れない。60年代からソ連・ロシアと深く関わってきた二人の作家が、政治、文化、宗教まで縦横無尽に分析。

●858円

後白河法皇
平家を滅亡させた黒幕

河合敦

2刷

貴族社会が揺らぎ、武士の世へと移り変わろうとしていた平安末期。本来「中継ぎ」天皇だった後白河法皇は、宿命のライバルである平清盛ら武家の棟梁と渡り合い、何度も幽閉の憂き目にあいながら、30年以上にわたる異例の院政を敷き続けた。「平安最後の帝王」は賢帝だったのか、愚帝だったのか。その66年にわたる波瀾万丈の生涯を、新解釈を交えて読み解く。

●858円

日本語の大疑問
眠れなくなるほど面白い ことばの世界

国立国語研究所 編

6.3万部

毎日あたりまえに使っている日本語。だが、ふと疑問に思うことはないだろうか。そもそも漢字はいつから日本にあるのか？「シミュレーション」を「シュミレーション」とつい発音してしまうのはなぜ？　どうして犬年ではなく「戌」年か？　ことばの専門家集団が、国民の抱く素朴だが奥深い疑問に呻吟《しんぎん》しながら出した名回答を厳選。日本語の教養をこの一冊でアップデート！

●1012円

話題の本

国民の底意地の悪さが、日本経済低迷の元凶

加谷珪一

ディスり、バッシング、誹謗中傷……性悪《しょうわる》ニッポン、いつまで続ける？

他の先進国が消費を拡大する中、なぜ日本だけが沈み続けるのか——原因は「日本人の性格」だった。かつて輸出主導で我が世の春を謳歌《おうか》した日本。だが、自己陶酔《とうすい》した「思いやり」「絆《きずな》」の像《イメージ》とは裏腹に、猜疑《さいぎ》心《しん》が強い国民の隠れた本性が、「失われた30年」で明らかになった。本書は日本人の消費マインドが萎縮《いしゅく》する現状を分析、数多《あまた》のデータから解決策を提示する。

「自分自身に満足している」若者の割合、10・4％で米国の5分の1以下／仕事に対する自信、日本はインドより3割も低い／日本の半導体産業が壊滅した原因は「傲慢さ」／日本人は新しいテクノロジーに否定から入る／「幸せ＝お金」と考える日本人は英独より6割多い／米中と比べて「自分が損しても相手を陥れたい」と考える傾向が強い／「コロナ感染は自業自得」と考える日本人は米国の10倍　…ほか

●990円

績を挙げた」というだけで歓迎されるわけではありません。

日本企業でマーケティングや営業を担当している人の中には、ルーティンワークだったり固定的な営業先との仕事をしたりしているだけで、汎用的なスキルがない人もいます。

たとえば「マーケティングのスキルがある」と言うには、商品やサービスの種類にかかわらず、どのような手法を使って広告宣伝を行うべきかという戦略の立案ができ、それを実行したうえで効果検証なども的確に行えることが求められます。

「ウチの会社は代理店が全部やってくれるので任せている」というケースでは、マーケティングの経験があるように見える経歴であっても、スキルがあるとはみなされません。

これは逆にいえば、1社だけでマーケティングや営業の仕事をするのではなく、どんどん転職してエクスペリエンスとラーニングを重ね、より汎用性の高いマーケティングスキルや営業スキルを身につけていくことが人材の価値を高めることにつながるということでもあります。

最初の転職のときは期待されるスキルを全部持っているわけではないかもしれませんが、「やる気があって少しは経験もある」という人材であれば、特に若手のうちは歓迎されるでしょう。

どの業界を選ぶかで、成長に大きな差がつく

本章の最後にアドバイスしたいのは、転職でエクスペリエンスとラーニングを重ねて大きく稼ごうと考えるなら、「大きく伸びる業界」を狙うべきだということです。

過去10年、20年という単位で見たとき、たとえば不動産業界や小売業界が5倍、10倍程度の成長であったとすれば、ＩＴ業界の企業の中には１００倍、１０００倍に成長している企業がゴロゴロあるはずです。

同じように仕事をしていても、どの業界を選ぶかによって大きな差が生じるということは、もっと意識されるべきだと思います。

私が新卒で就職した当時、学生から就職先として最も人気があったのはＪＴＢでした。総合商社も非常に人気が高かったと記憶しています。

しかし今、旅行業界や総合商社に勢いを感じる人、「これから伸びるだろう」「大きく変革していくだろう」と期待する人がどれほどいるでしょうか。

DXが進むこれからの数年間は、このような差がより大きくなっていくと考えられます。転職するときは必ず「自分がこれから進もうとしている企業や業界は変革の中にいるか」を考えるようにするべきです。

思い切って海外に飛び出す意義

ラーニングとエクスペリエンスという観点でみなさんにおすすめしたいのは、思い切って海外に飛び出すことです。目的なんて、なくても構いません。とにかく日本の外に出てみる。その経験だけでも価値があると思います。

私自身についていえば、新卒のときは「海外でグローバルな仕事をしてみたい」という理由で総合商社に入りましたし、今はシリコンバレーという場所を意思を持って選び、シリコンバレーだからこそできる仕事に取り組んでいます。

しかし本来は、そんなふうに強い目的や意思がなくても、「海外で何かしてみたいな」というくらいの気持ちでもいいと思うのです。

学生のうちなら語学留学でも交換留学でもいいでしょう。社会人ならＭＢＡ取得でも、あるいは海外事業がある会社に転職するのでも、どんな形でもいいと思います。ビジネスのことはおいておいて、バックパックで世界を旅して回るのもいいかもしれません。あのメルカリの創業者の山田進太郎さんも、世界一周の旅を経て得たさまざまな刺激から、フリマアプリの提供に至ったといいます。

見方によっては、海外に行くことは環境を変えて強制的にラーニングやエクスペリエンスを獲得することでもあるわけです。まずは一歩、踏み出してみることこそ重要です。

もちろん、ここでいう「海外」はシリコンバレーだけを指しているわけではありませんし、アメリカでなくてもまったく問題ありません。むしろ、今はまだあまり注目を集めていなかったり、人気がなかったりする国や地域のほうが狙い目かもしれません。

今後は東南アジアやアフリカの成長が期待できるでしょうから、そういった観点で行き先を選んでもいいと思います。

いずれにしても、日本とは異なる海外の感覚を自らの直接的な体験として学ぶことの意義は計り知れません。

機会を作り出せるのであれば、ぜひ前向きに考えることをおすすめします。

第3章

シリコンバレー流「人」の学び方

40代で知った新たな「学び方」

どんなことでも学んでみたいと思う好奇心はとても大切ですが、30代、40代と年齢を重ねていく中、私自身は少しずつ考えが変わってきたところもあります。かつては興味のおもむくままに勉強してきましたが、「自分が学んだり経験したりしてきたことをどう活用できるのか、どう活用すべきなのか」を考え、自分の専門性を深めていくために学ぶべきことに意識が向くようになってきたのです。

先に触れたように、サンリオに在籍していた当時、私は通信制の大学で法律を学ぼうとしました。それが無意味だったとは思っていませんが、貴重な時間を割《さ》いて何かを勉強しようと考えるなら、急にまったく新しいことを学ぶよりも、自分が興味を持っていることや、それまでに築き上げてきたものとの掛け合わせを意識すべきだったと思います。

これは言い換えれば、自分のミッションをしっかり考えたうえで、何を学ぶかを検討すべきだということです。

私の場合、自分のキャリアの棚卸しをして、「日本とアメリカの橋渡しをする」「日本の知財を海外に広める」「日本企業の海外事業、ないし海外子会社の事業を成長させる」といった経験を、これからどう活かせるかを考えました。

このような作業に意識的に取り組むと、自分が持っている経験や能力、専門性などを客観視することができ、それをどう展開できるのかを考えられるようになるのではないかと思います。

勉強に取り組む前に、友人知人に会って話を聞く

そのような作業を経て、自分の知見を活かす仕事の一つとして、私はベンチャー支援を選びました。とはいえ、最初から「ベンチャー支援をやろう」と明確に決めて動き出したわけでもありません。

シリコンバレーでの生活は、当初は手探りで始まりました。漠然と思っていたのは「シリコンバレーらしさを体感したい」ということだけだったのです。

では「シリコンバレーらしさを体感する」ための一番の方法は何かといえば、王道は２つしかありません。一つはスタートアップに直接関わること。もう一つは、スタートアップに投資するベンチャーキャピタルに関わることです。

２つの道のいずれかに挑戦したいと思い、私はシリコンバレーで活躍している同級生や同期のもとを訪ね回りました。

さまざまな分野の人に幅広く会う中、三菱商事の同期だった中村幸一郎さんに誘っていただき、Ｓｏｚｏベンチャーズという、まさにシリコンバレーらしさを体感できるベンチャーキャピタルを手伝うことになったのは先にご説明したとおりです。

そのＳｏｚｏベンチャーズをきっかけに、私はベンチャーキャピタリスト養成機関として名高いカウフマンフェローズで学ぶことになりました。

Ｓｏｚｏベンチャーズの創業者の一人であるフィル・ウィックハムが、当時カウフマンフェローズの会長も務めていた人物で、フィルも中村さんもカウフマンフェローズで学んだ経験があったのです。

中村さんが「そのときの経験や人脈が、今に活きている」というのを聞き、私は自分もカウフマンフェローズで学んでみたいと思い、仕事と並行してプログラムを受講することにしました。

カウフマンフェローズはベンチャーキャピタル業界を牽引《けんいん》していく人材を育成する機関で、有力ベンチャーキャピタルの若手パートナーや、自らベンチャーキャピタルを立ち上げた人など約60人が一つのクラスとなって集まります。

2年間にわたり3カ月に一度、合宿のような感じでともに学ぶ仕組みで、ベンチャーキャピタリストとして最新の知見を得られるだけでなく、ベンチャーキャピタル業界の人脈が広がる貴重な場でもあります。

カウフマンフェローズには、テキストがあるわけではありません。高い実績と長い経験を持つベンチャーキャピタリストの話を聞いたり、ディスカッションをしたり、自分がベンチャーキャピタリストとして困っていることや、これからやりたいことを話したりしながらお互いにエクスペリエンスを交換し、ラーニングを深めていくイメージです。それは、40歳を超えて初めて体験した学び方でした。

「人」を学ぶために「自分」を学ぶ

カウフマンフェローズが相互に学ぶプログラムになっているのは、ベンチャーキャピタルは「人」がベースになっているという信念があるからです。

ベンチャーキャピタリストはビジネスの主役ではなく、あくまでスタートアップを支援する黒子の立場であり、スタートアップでまさに主役として奮闘する人々と、いかに協同するかが問われます。

そこで重要なのは、テキストで勉強して身につけられるような知識ではなく、人間というものへの理解です。ですからカウフマンフェローズは、いかに「人」を学ぶかにフォーカスしているのです。

カウフマンフェローズで実践し、私が「これこそシリコンバレー流の学び方だ」と感じたのが、ビジネス上の適性を診断するテストを通じて「自分について学ぶ」ことでした。

たとえば「The 6 Types of Working Genius」というテストでは、さまざまな質問に答えることによって、自分の生まれつきの仕事の才能がどこにあるのかが診断され、6つのタイプに分けて分析されます。

具体的には、さまざまなことを考えて与えられた状況の中で最大の機会を探すのが得意な人は「The Genius of Wonder（考察の天才）」、オリジナルの突出したアイデアや解決策を作れる人は「The Genius of Invention（発明の天才）」、アイデアや状況を直感的、本能的に評価するのが得意な人は「The Genius of Discernment（識別力の天才）」、リーダーシップが強く周囲の人を組織したりインスパイアしたりしながら先に動かしていく能力を持つ人は「The Genius of Galvanizing（活力を生む天才）」、プロジェクトをサポートしたりアイデアや発想を促したりする能力が高い人は「The Genius of Enablement（実行の天才）」、プロジェクトやタスクの結果が出るよう推進してやり切るのが得意な人は「The Genius of Tenacity（粘り強さの天才）」とされます。

このテストのポイントは、自分の得手不得手を客観視し、周囲の人との相性について考えるきっかけになることです。

このテストを受けた結果、私のWorking GeniusはGalvanizingとTenacityでした。つまりリーダーシップを持ってプロジェクトを推進したりすることや、粘り強く取り組み結果を出していくことが得意だということです。

一方、Working Frustration（欲求不満）はWonderとEnablementで、「ちょっと立ち止まって考える」「周囲をサポートしたりアイデアや発想を促したりする」といったことは苦手だという結果になっています。

これは、もちろん思い当たるところがあり、自分がぐいぐいものごとを進めたいときに「本当にこれでいいのですか」などと言われると苛立《いらだ》つ傾向がありますし、自分が「これだ」と思っているものにフィットしないアイデアは排除してしまいがちです。

もう一つ、自分が何に意識が向きやすいかを知るテストに「ＳＣＡＲＦ《スカーフ》」があります。ＳＣＡＲＦとは「Status（地位・立場）」「Certainty（確実性）」「Autonomy（自律性）」「Relatedness（関係性）」「Fairness（公平性）」の頭文字をとったものです。

人により、この5つの要素のうち、どれを重視するかは異なります。

たとえば「Status」に意識が向きやすい人は、役職の高さなどを重視しがちです。「Certainty」に意識が向きやすい人は、確実性や安定性を重視する傾向にあります。「Relatedness」に意識が向きやすい人が重視するのは、人と人との関係性、親しさということになります。「Autonomy」に意識が向きやすい人は自律性を重んじ、自分でものごとを進めないと気が済まなかったりします。「Fairness」に意識が向きやすい人にとっては、フェアであるか、平等であるかということが重視されます。

「SCARF」モデルでは、私は「Autonomy」や「Fairness」に意識が向きやすく、逆に「Certainty」にはあまり意識が向いていないことがわかっています。

確かに、私には助手席に乗るより自分が運転席にいるような感覚、「自分に選択権がある」状態で仕事をしたいという思いがありますし、ものごとがフェアに扱われていないことには抵抗を感じます。一方で、自分の生活や立場の安定性などには関心が低いと思います。

みなさんの中には、「そんなことはテストを受けなくてもわかるだろう」「自分のことは自分が一番わかっている」と思う方も多くいらっしゃるのではないかと思います。

しかし、このような分析は非常に重要です。それは自分を知るということだけでなく、人の多様性について考えることにつながるからです。

私は、シリコンバレーではダイバーシティの本質的な重要性が深く理解されていると感じます。それは日本でダイバーシティが「女性活躍」「性的少数者への配慮」などに偏って捉えられて、お題目のように扱われがちなのとは対照的といってもいいかもしれません。

シリコンバレーでは、多様性の重視は道徳的な意味で大切という面ももちろんありますが、それ以上に、組織の力を最大化してビジネスを推進していくために必須の要素として捉えられています。

価値観やものの考え方は一人ひとりが異なるものであり、お互いがそれを理解して尊重すること、その違いを活かせる組織作りをすることが個人と組織の両方を強くするのです。

ごくシンプルにいえば、多様な人が集まってさまざまな角度から意見を交わして意思決定すれば、それだけその意思決定の確実性が高まるということかもしれません。

シリコンバレーでは「人」を学ぶことを重視

カウフマンフェローズでは、「The 6 Types of Working Genius」などのテストで診断を受け取ったあとに、エクササイズも行います。診断を踏まえ、これまでの経験を振り返りながら周囲の人にもヒアリングし、自分をどう活かしていけるのか、自分が本当に得意なことを探っていくのです。

そのようなステップを経て、私は単に「自分はこういうことが得意だ」「こういうことは苦手だ」ということを理解するだけでなく、自分と反《そ》りが合わないと思っていた人が、自分とは異なる「The Genius of Wonder」タイプの人なのだと理解し、その前提に立って意見にじっくり耳を傾けようと意識したり、「The Genius of Enablement」タイプの人なのだとわかれば、そのアイデアから参考にできるところがあるはずだと考えてみたりというように、自分のよいところを活かしながら周囲とどう協同すべきかを分析できるようになったと感じます。

カウフマンフェローズでこのようなプログラムが導入されているのは、スタートアップの成功要因として「人」が占める割合が大きいからでしょう。

結局のところ、ビジネスを動かしているのは「人」であり、特にスタートアップのように組織としての規模が大きくなく成熟度も低い場合、ビジネスの成功が一人ひとりの「人」にかかっている割合は、より大きいといえます。

つまり「人」がどのような特性を持ち、どのように行動するのかを理解することは、ビジネスを成功に導くための必須要素ということです。

ですからシリコンバレーでは、産業について学ぶのと同様、人間とその行動特性を学ぶことが重視されているのです。さまざまな研究も進んでおり、その結果として「The 6 Types of Working Genius」や「ＳＣＡＲＦ」などのモデルが一般的に利用されるようになっているのではないかと思います。

実際、シリコンバレーでは「人」を学び、チーム力を最大化するという考え方が浸透しているためか、「あなたのGeniusは何ですか?」といった会話になることもめずらしくありません。

日本でもよく知られているコンセプトが似たテストに、人を9つのタイプに分ける「エニアグラム」がありますが、「エニアグラムのタイプは何番ですか?」「8番です」「あぁ、8番なんですね」といった会話も普通に交わされています。

そうやって「自分とは異なる他者」について学び、理解しようと努め、お互いにパフォーマンスを最大化できるようにしようと試みているのです。

日本でもよく知られているテストの一つとしては、「ストレングス・ファインダー」があげられます。興味がある方は、『さあ、才能《じぶん》に目覚めよう　新版　ストレングス・ファインダー2・0』（日本経済新聞出版）に目を通し、実際にウェブでテストを受けてみてもいいかもしれません。

「他者の強み」を知ることには、メリット多し

私がこの本で「人」を学ぶことをみなさんにすすめるのは、それによって私自身が大きな成長を感じられたからです。

30代くらいまでの私は、自分の仕事の「型」のようなものに対する自負があり、人にアドバイスするときにも「少なくとも私はこの型でやってきて、それなりに実績も挙げてきました。ですからそれを紹介します」というスタンスでした。自分の「型」こそが成功するために必要なものだと思い込んでいたのかもしれません。

しかし「人」について学んだ今は、人それぞれにいろいろな「型」があること、成功の仕方もさまざまであるということを痛感しており、自分の「型」とは異なるほかの人の「型」をもっと学びたいと思っています。

振り返ると、20代、30代のときは、他人の「型」にフラストレーションを感じていたように思います。

人それぞれに考え方や思考のタイプは異なり、それはよし悪しで語れるものではないということを理解したことで、自分が変わったとさえ感じています。

過去にサンリオで働いていた時代について思いを致せば、このように「人」を学ぶことについてもう少し早く出会っていれば、自分と違う人たちを理解することができていたのではないか、もう少し違うリーダーシップを取れたのではないか、あるいは違う組織作りができたのではないかということも感じます。

反省も込めていうと、人は自分の成功体験が大きいほど、ほかのタイプを認めづらくなるものではないかと思います。サンリオで実績を挙げていた私は、まさにそうだったのかもしれません。

しかし、自分と異なるタイプでも、成功する人たちはたくさんいます。一例をあげれば、一般には外交的で強いリーダーシップを持つ人のほうが成功しやすいイメージがありますが、内向的でものごとを深く考えるタイプのエンジニアで成功している人はいくらでもいるわけです。

自分とは違うやり方で成功できる人がいるということ、異なるタイプの人の組み合わせによっては、より大きな成功もできるということはシリコンバレーで学びましたし、その点で自分は大きく成長できたと思っています。

ですから、仮に読者のみなさん自身がこういったテストを受けないとしても、「他者の強み」や「他者の価値観」を知るという意味で、こうしたモデルがあるということを理解するだけでも、メリットはあるのではないかと思います。

もう一つ、「自分」を学ぶことを強くすすめるのは、Zone of Genius（自分の生まれ持った才能が開く状態）を知ることによって、自分の才能を活かして高いパフォーマンスを発揮できる可能性が高まると思うからです。

当たり前のことですが、自分が得意とすることを活かせればパフォーマンスを上げやすく、また幸福感を覚えながら仕事ができるはずです。ですから私たちは幸せになるために、もっと自分のことを知るべきなのだと思います。

どんな働き方をしたいのか。
どんな業界で働きたいのか。

どのように報われたいのか。
何が好きで、何が嫌いなのか。
自分のZone of Geniusと合う仕事かどうか。
近年は特に、世界的にもこういったことを大切にする流れになっているように感じます。

仕事は、たとえば新卒でたまたま内定をもらったといった事情で、偶然出会って、そのまま就職するケースも多いものです。それが、自分の好きなことではない場合もよくあるでしょう。

そのような環境を放置せず、今やっていることが好きなのか嫌いなのか、自分の才能を活かせているのかどうかを考えてみてください。そのことに真剣に向き合うと、「今いる場所が間違っているのではないか」と気づくこともあるかもしれません。

そのような気づきを得て、自分の意思で仕事を選択していくということは、できるだけ若いうちにやるべきです。苦痛な状態に耐えて「修行」を重ねてもつらいばかりですし、パフォーマンスは上がりづらいでしょう。それで年を重ねてリストラに遭《あ》ったりしたら、目もあてられません。

あるいは、今の仕事を辞めようか続けようか悩んでいる人、転職に踏み切れない人は、たとえば「ＳＣＡＲＦ」によって自分が何を大切にしているかを確認することで、意思決定をしやすくなることもあるかもしれません。

自分の才能を活かせていない職場だとしても、たとえば「Status」や「Certainty」に目が向きやすいタイプの人にとっては、名前の通った大企業に所属していることこそが重要かもしれません。

大切なのは、「自分にとって」最良の選択が何であるかを考えることです。

日米で反応が異なる「公私混同」

Zone of Genius を意識すれば、時間を忘れて取り組めることを仕事にすべきではないかと思います。

その意味で、シリコンバレーで「趣味と仕事の一致」がポジティブに受け入れられているのは、ごく自然なことなのかもしれません。

日本では、「好きなことを仕事にする」というのはきれいごとのように思われがちです。好きなことに邁進《まいしん》している人が、「あれは道楽だ」と白い目で見られることさえあります。

たとえばＺＯＺＯ創業者の前澤友作さんが宇宙旅行を目指したとき、あるいは堀江貴文さんがロケット打ち上げに邁進しているとき、批判的なコメントをする人がたくさんいました。

実際に前澤さんが宇宙に行き、堀江さんが出資するインターステラテクノロジズがロケット打ち上げに成功した今では批判もトーンダウンしたように感じますが、日本で「好きなことに取り組むこと」「楽しむこと」があまり肯定的に捉えられない傾向は根強くあるように思います。

おそらく趣味と仕事を一致させるのは「公私混同である」という意識が強いのでしょ

う。

一方アメリカでは、イーロン・マスクが宇宙開発企業「スペースX」を作って宇宙船を打ち上げたり、ジェフ・ベゾスが「ブルー・オリジン」を作って宇宙旅行に行ったりしています。しかし彼らが宇宙事業に取り組み始めたとき、アメリカでは日本のようにそれを批判的に見る空気はありませんでした。これは、「趣味と仕事」あるいは「夢と仕事」が一致することを肯定的に捉える文化があるからでしょう。

もちろん仕事としてやる以上はお金を稼ぐ必要がありますが、好きなことを追求していけば、おのずと専門性が高まるので、好きなことを仕事にするほうが稼ぎやすいはずだともいえます。

私は、日本でももっと「趣味と仕事の一致」をポジティブに捉えてもいいのではないかと思っています。

なお「公私混同」について付け加えると、アメリカでは日本でなら許容されるような「公私混同」を厳しく排除する面もあります。

ビジネスで求められる倫理観は、実は日本よりも厳しいのです。

たとえば、日本ではゴルフを趣味にしている人が海外出張のときにゴルフにも行くというのは、同行する人とのコミュニケーションという意味で認められることが多いように思います。

しかし、このような「公私混同」はアメリカでは例外的です。

業界によっては日本では当たり前の「接待」が違法とされているケースもありますし、たとえば小売りの場合でいえば、メーカーとバイヤーが一緒に飲みに行くといったことは考えられません。それどころか「ボールペン1本も受け取ってはいけない」というのが、アメリカのビジネス倫理です。

「車が好きだから車に関するビジネスをしたい」とスタートアップを立ち上げることは歓迎されますが、「会社の経費で好きな車を買う」といったことはしないわけです。

アメリカでビジネスに関わる場合は、アメリカでは当たり前のビジネスの倫理観を持つよう留意する必要があります。

「自分は何ができるのか」を明確にする

もう一つ、「自分について学ぶ」という観点では、カウフマンフェローズでも実践したパーソナルブランディングもおすすめです。

パーソナルブランディングには、企業を内部分析するように自分について分析することと、そのうえでどのように自分をブランディングして売り込んでいくかという2つの重要なピースがあります。

日本ではあまりパーソナルブランディングの重要性が語られていないように思うのですが、これはパーソナルブランディングではなく「私は三菱商事の○○です」「サンリオの○○です」というように、企業のブランディングをそのまま自分のブランディングとしているケースが多いからではないかと思います。

しかし「どこの組織に所属しているか」ということだけで自分を語っていると、転職したり独立したりして企業と切り離されたときに「自分は何ができるのか」「自分はどのような人なのか」ということを伝えて売り込むことがまったくできなくなってしまいます。

これから転職などでキャリアを積んでいくことを考えるなら、やはり「人材として自分を売り込むとすれば、強みは何なのか」を明確にし、パーソナルブランディングを確立することが重要になるでしょう。

パーソナルブランディングでは、自分の専門領域や身につけた知見、技能についての棚卸しをするだけでなく、「相手にどのような人物だと思われたいか」「どんな自分でありたいか」を考えることも必要です。

「この人と会うといつでも楽しい」「この人は絶対に時間に遅れない」といったイメージを確立することもパーソナルブランディングの一部といえます。

私の場合、カウフマンフェローズでのエクササイズを通じ、日米をまたいで事業をすることに特化した専門知識や経験があるということ、エンターテインメント業界やその中における知財ビジネスについて詳しいこと、社外取締役としてガバナンスのチェックができるといったパーソナルブランディングを確立してきました。

パーソナルブランディングができれば、さまざまな場面で人に伝えることができます。私自身は、「これが得意です」「こういうことが好きです」と言い続けることで、それが口コミとなって広がり、自分に合う仕事が舞い込んでくるという経験を数多く重ねてきました。

このように意識的に自分を売り出してこそ、パーソナルブランディングをする意味がありますし、それが活かされるのだと思います。

転機となる出会いを活かすためにも、常にベストの自分でいる

カウフマンフェローズでパーソナルブランディングについて学ぶのは、それがベンチャーキャピタリストにとって重要だからです。

なぜベンチャーキャピタリストにパーソナルブランディングが必要なのかというと、自分のブランドを明確にすることにより、常に自分のベストの状態で人と関われるようになる可能性が高まるからです。

ベンチャーキャピタルは、100人、1000人と多くの人に会い、その中にマー

ク・ザッカーバーグのような人物が一人いるかどうかという世界です。

しかし、目の前にいる人が「マーク・ザッカーバーグ」かどうかは、すぐにはわかりません。ですから、どんな人に会っても常にベストの自分を見せられるようにする必要があるのです。それができなければ、「マーク・ザッカーバーグ」と関係性を築くチャンスを逃してしまうことになりかねません。

私は、これはベンチャーキャピタリストでなくても、重要な視点だと思っています。人生では、いつ転機となるような出会いが訪れるかわかりません。

たとえば私は今ＬＩＮＥの社外取締役を務めていますが、もとを辿《たど》れば東宝の川村元気さんの紹介に始まって、さまざまなご縁がつながった結果、正式なオファーをいただいたのです。

いつもベストな自分でいるというのは実際には難しいものではありますが、なるべくそうあろうとし続けていることが、こうした人からのご縁をつかむことにつながっているように思います。

質問しないと評価されず、学びにもならない

質問をすること、それに答えることは、それ自体が「ラーニング」と「エクスペリエンス」の重要なプロセスとなります。質問する文化、それに答える文化というのは、学ぶうえで非常に重要です。

日本の場合、多くのセミナーでは講演時間が60分であれば50～55分が講演で、残りの5～10分が質疑応答の時間にあてられることが多いように思います。そして、会場で手を挙げて質問する人は1、2人くらいしかいなかったりします。

一方アメリカでは、そもそもセミナーで講師による講演がないケースが珍しくありません。いきなり講師と受講者の間で質疑応答が始まるのです。

学校の授業でグループワークやディスカッションなどが多く取り入れられ、対話形式で進むのが当たり前になっているように、セミナーでも「ただ座って話を聞く」という場面は、日本に比べると少ない印象があります。

そして当然ながら、このような授業やセミナーでは、質問することが文化として大切

にされることになります。

ハーバード・ビジネス・スクールでもそうでしたが、どんなに単純なことであっても質問することは非常に価値のあることだとされており、日本のように「バカな質問をしてはいけない」といった雰囲気は皆無です。

基本的なことであっても、その場にいる人のほとんどが知らないという場面は、実は少なくないものです。そのような場面で「それはどういうことですか？」と質問することは、その場にいる全員にとって重要です。

もちろん、どのような質問であっても、質問することは自分が主体的に考えて理解を深めることにつながることは間違いありません。

ちなみに、ハーバード大学の教授などもよく口にするのは「授業でいろいろな質問をされることによって自分も学び直せる」ということです。

アメリカでは、質問を受けてそれに答えることもまた、学習の一つの方法だと捉えられているのです。

ベンチャーキャピタルやスタートアップでも、会話を重ね、質問に答える中で相互に理解を深めていくことが大切にされています。

自分のお願いを、相手に適切に伝えられるか

「質問する＝Askする」と英語に置き換えたとき、この「Askする」という言葉には「人にお願いする」という意味もあります。Askする文化と考えると、実はアメリカには「お願いする文化」「お願いを聞く文化」もあります。

たとえば私が学んだカウフマンフェローズには、自分のお願いを相手に伝える文化が根づいています。

「自分は今こういうことをやっているので、それに関わる人を紹介してほしい」「こういうことをやりたいと思っているので、一緒にやってくれる人を探してほしい」、あるいは「自分はこういう分野に興味があるので、一緒にその分野について話をしたい」といったお願いをするのです。

このように自分が何を求めているのか、どんなことに興味があるのかを積極的に発信

することによって「それならあの人を紹介するよ」といったように話がつながっていき、お互いに世界や人脈が広がっていくことを、日々実感しています。

「お願いを聞く文化」というのは、会話をしているときに“What can I do for you?（何か私が手伝えることはある?）”と気軽に言い合う文化のことです。

もちろん、そう言い合ったからといって必ず何かを手伝わなくてはならないというわけではありませんし、手伝ってほしいと言われないこともたくさんあります。そこに重い意味があるわけではありません。

しかし、「何かあれば声をかけてほしい」というくらいのメッセージを伝え合い、それが頭の片隅に残っていると、中長期的には面白いことが起きることもあるものです。

「そういえば彼はこの分野に詳しいし、何かあれば声をかけてと言ってくれていたから彼に聞いてみよう」というように思い出してもらいやすくなり、何かと声をかけられるようになれば、人と出会ったり事業に誘われたりするような機会もおのずと増えていくからです。

私自身は、よく「日本に興味のある人がいたら、紹介してね」と伝えます。ですから、日本に行こうとしている人などを紹介されることが頻繁にあるのです。

「おいしい鮨屋《すしや》を予約してほしい」「ゴルフコースを教えてほしい」といったものもあれば、「子どもが日本に留学するんだけれど……」といった相談も、もちろん日本での事業に関する真剣な相談もあります。

「日本のことなら彼に聞けばいい」と思い出してもらえるのは、自分にとって大いにプラスになっていると感じています。

「弱い自分をさらけ出す」ことは「自分の強み」になる

日本をはじめとするアジア地域では、自分の弱みを他者に見せることをよしとしない文化があります。この点はアメリカと大きく異なるところです。

意外に思われるかもしれませんが、アメリカでは「自分の弱みをさらけ出すことが、最終的には自分の強みになっていく」という考え方がベースになっているのです。

これは、映画のストーリーにも見て取ることができます。

たとえばマーベル・スタジオのスーパーヒーロー映画は「バットマン」でも「アイアンマン」でも、基本的に「すごく強い人であっても何かしら弱みがあり、その弱みをさらけ出しながら克服していく」という人間ドラマを描いていることにお気づきでしょうか。

誤解を恐れずにいえば、マーベルの映画はほぼすべてこのパターンです。おそらく、アメリカ人が「人間らしさを見せ、自分をさらけ出すことによって相手に協力してもらい、相互に何でもシェアできる環境やカルチャーを形成していく」というストーリーを好むからでしょう。

実際、アメリカで仕事をしていると、深いコミュニケーションを取ろうとすれば、自分も弱みを見せなければならないと感じる場面があります。

たとえば強い権限を持つCEOであっても、「自分はこういうことは得意ではない」と表明し、それによって「それなら、そこは私が協力しましょう」と周囲が協力を申し出てチームが作られていくというのが、アメリカのマネジメント手法の一つです。

こうした弱みを見せることで、周囲との関係性を強化できるだけでなく、その勇気に対して尊敬されることすらあります。

常に強いトーンで「自分が正しいのだ」と言い張り、「ああしろ、こうしろ」と指示するだけのリーダーには、周囲はついてこないのです。

特にシリコンバレーの場合、それぞれの専門分野ごとに優秀な人がたくさんいます。すべてにおいて万能という人はいませんから、適切に「自分ができないこと」をオープンにし、それを補ってくれる優秀な人の協力を得ることは欠かせません。

シリコンバレーの人々が自分の弱みを見せることに慣れていると感じるのは、このためなのかもしれません。

第4章 シリコンバレー流に学び、活躍する人たち

シリコンバレーに移って、桁外れの結果を出し続ける友人

本章では、シリコンバレー流にエクスペリエンスやラーニングを重ねて活躍する4人の事例をご紹介し、そのような道を選択したいと思ったときに、具体的に何をすべきかについて考えていきたいと思います。

まず一人目は、私が常にベンチマーク（指標に）している友人であるキャサー・ユニスです。彼はパキスタン出身の両親とともにデトロイトで育った人物で、子ども時代は非常に貧しかったという話をよく聞くのですが、典型的な「ハングリーなアメリカ人」です。

彼は大学で学位を取得後に自動車部品メーカーのボッシュに就職し、一時は埼玉県にあるボッシュの工場に派遣されて働いていた経歴があります。

彼と私が出会ったのは、ハーバード大学の日本人会のような集まりの場でした。私が2006年にハーバードの大学院に受かったとき、ハーバードの卒業生が日本に縁のあ

る人を歓迎する会が開かれ、その会場でキャサーに会ったのです。

周囲の人はみんなスーツを着てネクタイを締めていましたが、そんな中で私とキャサーだけがTシャツ姿。意気投合し、ハーバードではたまたま同じクラスになったこともあって、親交を深めることになりました。

ハーバード時代、彼はずっと「スタートアップをやりたい」と言っており、一緒にやらないかと誘いも受けていました。ビジネスプランを2人で考え、ハーバードのビジネスプランコンテストに出たこともありました。

しかし彼が自分の会社を作る一方で、私はハーバードでMBAを取得したあと、そのままサンリオに入ったこともあり、なかなか一緒にビジネスをするには至りませんでした。


その後、彼はめきめきと頭角を現していくことになります。

最初に作った会社はあまりうまくいかなかったようですが、あるとき「シリコンバレーに移る」と言って、新会社を立ち上げました。新会社が提供したのは、カスタマーサービスとのやりとりが、スーパーやお店などその場で携帯電話を使って簡単にできるサービスでした。

私は彼の話を聞いて「面白いからサンリオのお店でテストしてみよう」などとやりとりしていたのですが、その会社はサービスの有望性が高く評価されたのか、なんと設立6カ月でグーグルにより買収されるに至ります。

それによって、彼は数十億円を手にすることになりました。

その後、彼はグーグルに籍を置きつつ、アメリカで最も有名なスタートアップのアクセラレーター（起業家を教育し事業成長を促進する団体や個人）として知られるＹコンビネータのＣＯＯになりました。

Ｙコンビネータが起業家教育プログラムを提供して上場に導いた会社には、ドロップボックスやエアビーアンドビーなど錚々たるベンチャーが名を連ねています。

ここまでのキャリアでも相当な成功者という印象ですが、キャサーはそれでは飽き足らず、「人の会社にアドバイスしたり、グーグルのような大きな会社で働いたりしていても面白くない」と言い出しました。

彼ほどのキャリアでグーグルで働いていれば年に1億円、2億円といった報酬をもらえますし、ストックオプションなども含めると年収10億円をくだらないはずですが、仕事が面白いかどうか、充実した人生だと感じられるかどうかというのは、やはりお金がどうこうという問題ではないのでしょう。

結局、彼は4年ほど前に、また自分でアプライド イントゥイションという自動運転のソフトウェアを開発する会社を立ち上げました。そして、その会社は今では時価総額４０００億円ほどにまで成長しています。

転職で大きく飛躍した「普通のサラリーマン」

自動車業界の産業構造は独特で、トヨタ自動車、日産自動車、本田技研工業、三菱自動車といった自動車メーカーは、基本的に外部から供給を受けたパーツを組み立てて自動車を製造しています。

日本のデンソーやアメリカのコンチネンタルといった自動車部品メーカーの存在なく

して、自動車メーカーは成り立ちません。

近年、自動車製造においてソフトウェアの重要性が高まる一方で、それを供給する企業はまだ多くはありません。そこに参入しようとしているのがグーグルやアップル、ソニーなどです。

さらに、最近ではソフトウェア業界から参入し、自動車メーカーに供給するソフトウェアに特化して開発する会社も登場しています。キャサーが立ち上げたアプライド インテゥイションも、そのような企業の一つです。

このいかにもシリコンバレーらしいベンチャーに、日本の大手企業から飛び込んだのがヤマウチさんです。

ヤマウチさんと私は、子どもが同じ学校に通っていたことをきっかけに知り合いました。ヤマウチさんは当時地図ソフトメーカーのゼンリンに勤めており、アメリカに駐在していたのです。7年ほどをシリコンバレーで過ごし、日本に戻りました。

その後、たまたま彼と会う機会があって話をしていると、ヤマウチさんが「40代になって、このままずっとゼンリンでやっていくべきか、新しいチャレンジをしたほうがいいのか迷っている」と言うのです。

そこで私は「ヤマウチさん、絶対に転職したほうがいいですよ」と言いました。

自動車業界がハードウェア業界からソフトウェア業界へと大きく変化している中にあって、ゼンリンはもともと自動車業界の中でソフトウェアを手掛けてきた存在であり、自動車部品メーカーにも大手自動車メーカーにもコネクションを持っています。

ヤマウチさんのゼンリンでの経験は、最先端の自動車向けソフトウェアメーカーに移れば、大いに活かせそうでした。

「僕のハーバードの同級生がやっている自動運転のソフトウェア開発会社が、これから日本に展開していくためのカントリー（現地）マネージャーを探しているんです。まだ社員が十数人しかいない会社だけれど、絶対これから成長すると思います」

アプライド　イントゥイションの面接を受けたヤマウチさんは、3カ月ほど悩んだようですが、最終的に転職を決意しました。今から2年ほど前のことです。

そして今、当時時価総額数百億円だったアプライド イントゥイションは、時価総額4000億円ほどに成長しています。

ヤマウチさんの転職については、当初、共通の友達から「鳩山さんもずいぶん罪なことをしたね」と言われたこともありました。というのも、ヤマウチさんはアントレプレナーシップ（起業家精神）があるタイプには見えなかったからです。

シリコンバレーに4年駐在していたとはいえ、英語も外国人のように流暢《りゅうちょう》というわけではありませんでした。おそらく当時のヤマウチさんに会った人の多くが「普通のサラリーマン」という印象を持ったのではないかと思いますし、周囲の人からすれば「大手企業であるゼンリンでサラリーマンをやっていたほうが安定しているのに、ベンチャーに転職して大丈夫なのか」と心配になったのでしょう。

しかし私は、彼が転職して後悔する姿は想像できませんでした。

先にご説明したように、今後ソフトウェア業界では、これまで自動車業界にいた人材へのニーズが高まることは間違いありません。

一方で、「安定した」日本の自動車業界からソフトウェア業界に転職しようというリスクテイカーは少ないのが現状です。

ですから私は、ほかの人に先んじてソフトウェア会社に転職することで、ヤマウチさんは間違いなくいいキャリアを築けるはずだと思っていました。

さらにいえば、もしアプライド インテュイションがダメになったとしても、日本でカントリーマネージャーを探している企業はたくさんありますから、一度カントリーマネージャーとしての経験を積めば、いざというときの転職先はいくらでも見つかるはずだという目算もありました。

そういった私の話を聞き、最終的にはヤマウチさんは、自分で「この話に乗ってみよう。最悪、何かあってもそのあとは自分で何とかしていけばよいのだ」というように腹を決めたように見えました。

ヤマウチさんは、アプライド インテュイションの日本事務所を作るところから、ゼロベースで動くことになりました。

大手企業で働いていれば勤務先に任せておけばすむような、たとえば自分の社会保険加入に関する手続きなどまでやるべきことは山積みでしたが、2年経った今では、とても優秀なカントリーマネージャーになったと感じます。

最近ヤマウチさんと話して印象的だったのは、「会社が自分の子どものような感じがする」と言っていたことです。

「自分で日本事務所を立ち上げて、日本チームのメンバーを採用して……。どれも簡単なことではありませんでしたし、胃がキリキリすることもあります。でも、本当に働き方が変わりましたし、働きがいもあるんです」

もちろんヤマウチさんはストックオプションをもらっていますから、会社の成長がそのまま自分の資産の成長に直結しています。だからこそ、会社が育っている感覚を強く持てる面もあるわけです。

ヤマウチさんは転職して、一皮も二皮も剥《む》けたように思います。話をしていると、以前とはまるで別人のようにイキイキしており、彼のように活躍できる人をキャサーに紹介できたことを嬉しく思っています。

シリコンバレーでは「大きく、有機的に」やる

もう一人ここで紹介したいのは、シリコンバレーで働くエンジニアから家電量販店チェーンのエディオンに転じ、副社長になったカネコさんです。

カネコさんとは、やはり子ども同士が同じクラスだった縁で知り合いました。彼はもともと日本オラクルで働いていたエンジニアでしたが、そこを辞めて、当時はシリコンバレーのオラクル本社に転職されていました。

カネコさんがユニークなのは、オラクルで働きながら、副業でラウドマウスというゴルフウェアブランドの仕事を始めたことです。オラクルは兼業を認める会社だったので、カネコさんは自分の経験を活かして好きなブランドをエンジニアとしてサポートし、そのうちラウドマウス日本支社のＣＥＯにまでなってしまいました。

カネコさんとエディオンの縁は、彼が広島県出身だったことです。アメリカの居酒屋で、日本からたまたま来ていて知り合いになったおじさんが広島出身で、同じ広島出身

のエディオン社長を紹介してくれたそうです。そして、いろんな相談を受けるようになりました。

「身だしなみを整えるのに何かいいアイデアはない？」というのがきっかけで、エディオンでラウドマウスのウェアを従業員の制服として導入してもらうことになりました。そして続けてエディオンから「デジタル化を手伝ってくれないか」と言われて転職を決意。物流改革やシステム改革を手掛けているほか、ラウドマウスでＣＥＯを務めた経験も活かして経営面でも戦力になっています。

カネコさんの転身の仕方を間近に見て、「これはまさにシリコンバレー流だな」と思うポイントが３つあります。

一つは、エクスペリエンスをうまく使っていることです。

オラクルのエンジニアというバックグラウンドを活かし、エンジニア的な知見を持つ人がほかにあまりいないであろう環境の中、カネコさんはそれまでの自分の経験をもってシステム改革や物流改革に深く関与し、必要であれば自らシステムを直していくこともしていたようです。

2つめは、エディオンで副社長となり、経営者として変革を推進していることです。エディオンほどの規模の会社であれば、おそらく古い体質も残っているのではないかと思いますし、そのような環境でのマネジメントは、私自身の経験から推察するに簡単ではないはずです。

しかし、カネコさんの中には、シリコンバレーの「変革のマインドセット」のようなものが根づいているのでしょう。創業社長への敬意を持ち、従来のやり方も尊重しながら、熱心に取り組んでいるように見受けられます。

3つめは、彼の人脈を十分に活用しながらビジネスをしていることです。

カネコさんの日本オラクル新卒入社時の同期に元ディー・エヌ・エー社長の守安功さんがいるのですが、２０２1年6月にエディオンが守安さんを社外取締役に迎えたのは、カネコさんの人脈があってこそでしょう。

そういったネットワークの活かし方が、非常にシリコンバレー的だと思うのです。

キャサー、ヤマウチさん、カネコさんを見ていると、シリコンバレー流の学び方や働き方を知る人は、やはり「大きく、有機的に」やる人が多いのだなと感じます。

学びをやめない限り、道は必ず拓ける

最後にもう一人、とてもユニークな女性を紹介します。

私の知り合いにはシリコンバレーの生活に影響を受けて転身した方がたくさんいますが、その中でも最も「変化率」が高かったのがタケウチさんではないかと思います。

彼女はもともと、配偶者の仕事の関係で一家揃ってシリコンバレーに移住してきた専業主婦でした。私とはビジネスで知り合ったわけではなく、たまたまお互いの子どもたちの年齢が近かったことから、ご近所付き合いをするようになったのです。

タケウチさんは高校時代にミネソタに1カ月間の留学経験があり、短大では英文科を卒業しています。本当は本格的な海外留学をしたかったといいますが、バブル崩壊や阪神・淡路大震災の影響もあり、断念。短大卒業後は英会話学校の営業職を経て、いわゆる「ドットコムバブル」の中でIT企業の営業職に転じたというキャリアの持ち主です。しかし結婚・出産のため、キャリアはそこで中断することになりました。

子育て中は料理の勉強をしたり料理コンテストに応募したりして、一時はABCクッキングの料理教室で講師を務めるほどになったといいます。

ところが10年間の主婦生活のあとに再就職に挑戦したいと考え、転職サイトやエージェントに登録したところで、日本社会の壁にぶつかることになってしまいました。「短大卒の40歳」が職を得るのは難しいということを実感せざるを得なかったのです。

しかしそんなタケウチさんは、シリコンバレーへの移住によって転機を迎えます。

彼女は面倒見がよく、4人の子どもを育てながら「4人も10人も変わらないから」と言って自宅をシェアハウスにし、各国からシリコンバレーにやってくる若い起業家を迎え入れるようになりました。

そうやって「ビッグマミー」のように若者たちの面倒を見る中でタケウチさんが気づいたのは、起業家の多様性でした。

「シリコンバレーには世界中からハイレベルな人たちが集まっていてハードルが高いところだと思っていたのですが、実際に若者たちと話していると『そんなアイデアで？』と思うようなビジネスも多かったんです。それでもアイデアがサービスとして形になり、資金調達していく。それに、どこの大学を出たのかもわからない人たちでも、紹介さえあればフェイスブックやグーグルで簡単に職を得ていくことにも驚きました」

そんなシリコンバレーのリアルな日常を体感するうちに、タケウチさんは「自分でもできるんじゃないか」と考え始めたのです。

彼女はほどなくして、コロリドというエデュテインメント（Education〈教育〉＋Entertainment〈エンタメ〉）領域の会社を立ち上げました。

コロリドは、「子どもと遊ぶ機会をもっと手軽に」というコンセプトで、「食」と「遊び」を融合させたクッキー作りの親子プログラムを提供しています。

このプログラムは親子の大切な時間となり信頼関係の醸成につながるのはもちろん、親が子どもへのよりよい接し方を学び、さらに子どもの創造力を伸ばす機会にもなります。

コロリドが提供するカラフルなクッキー生地は計量不要で手軽に作れるのもポイントで、もちろんアレルギーにも対応。親子で安心して参加できる内容になっているのは、主婦として過ごしたタケウチさんがその経験の中で得たラーニング、エクスペリエンスの成果が十分に発揮されたものだと感じます。

タケウチさんは２０２０年には味の素と小学館のアクセラレータープログラムで優秀賞を獲得し、さらに２０２１年には女性起業家を支援するDell/EY Japanのアクセラレータープログラムでも最優秀賞を受賞しました。

彼女は現在も歩みを止めず、前に進み続けています。最近はParenting（子育て）について改めて勉強しているそうです。タケウチさんは、会社のメンバーのマネジメントは子育てと似たところがあると考えており、Parentingとコーチングの融合に注目しているのだといいます。

確かに、子育てとコーチングの融合を確立することができれば、子育てもビジネスのキャリアとみなされるようになり、子育ての重要性を再確認することにつながるかもしれません。いずれは男性も女性も育休がキャリアの一部として認知されるようになる可能性もあります。

彼女がコロリドでかかげているビジョンは大きく、今のクッキー作りのプログラムの枠を大きく超えて広がっていくに違いないと楽しみにしています。

自己開示をすると、「ご縁」に恵まれる

4人の話を知って、みなさんはどう思われたでしょうか?

「シリコンバレーにいるから、うまい話が転がり込んでくるんだろう」

「やっぱり、そこそこ英語ができるからじゃないの?」

「そもそも、自分には鳩山さんのような知り合いがいるわけでもないし」

「まぁ、自分には縁のないサクセス・ストーリーの一つだよね」

などと思った人もいるかもしれません。

確かに、もしみなさんがこの本を閉じたあとで何も行動を変えることがなければ、いい「ご縁」が見つかる可能性は低そうです。

しかし大事なのは、シリコンバレーにいることでも、英語ができることでも、顔が広いことでもありません。

もちろんシリコンバレーに暮らして刺激を得たり、英語を学んだり、人脈を広げたりするのは素晴らしいことですが、今の時点でそうした環境になかったとしても、みなさんが自分の行動を変えれば、いくらでも「ご縁」は見つけられるはずです。

よい転職の機会を自分も得たいと思うなら、基本動作は3つあります。一つめは、いろいろな人に「会社を辞めるつもりです」と話すこと。2つめは、履歴書を用意すること。3つめは、ヘッドハンターや転職サービスに登録し、興味を持てた会社の人と会って話すことです。

一つめの基本動作については、自分がどうしたいのかを口にしていると、それを聞いた人から「それならこんな話があるよ」と持ちかけられることがよくあるからです。あるいは「こんなふうに動いてみたら」とアドバイスされることもあるかもしれません。自分について開示すればするほど、よい情報に巡り会える可能性が高まるということを、まず頭に入れておきましょう。

履歴書を毎年書くと、自分の動きたい方向が見える

2つめの履歴書については、実はもともと、私はすべてのビジネスパーソンに「年に一度は自分の履歴書を書くこと」をすすめており、自分自身もこれを長年の習慣にしています。

ここでいう履歴書というのは、新卒の就職活動のときのようにフォーマットを埋めるものではなく、自分の実績やスキルセットについて記載するものです。

毎年このような履歴書を書くと、1年の仕事の実績を整理できるとともに「自分の中

で改善できたことは何か」「新たに加えられたスキルセットは何か」を振り返ることができます。

このような履歴書の書き方を私にアドバイスしてくださったのは、青山学院大学の恩師であった石倉洋子さんでもありました。

私の場合、履歴書を書くときは必ず1枚にまとめます。履歴書は自分の歴史を表し、未来の自分にいかにつながっていくかを示すものです。

ですから、どのような人生を作ってきたのか、そしてこれからの人生をどう作っていきたいのかを、よく考えて凝縮することが重要だと私は思っています。

「1枚」という制約の中で整理すると、「思い出したことを羅列していたら散漫になってしまった」といった事態を防ぐことができます。

仕事歴が長くなってくると、昔は1枚の履歴書にまとめていた実績などが3行ほどに圧縮されるようになり、そのことから自分自身の変化や成長を感じることもあるでしょう。

履歴書を定期的に更新していると、「今の転職市場に合った履歴書にするためには?」

という発想も生まれます。

現在でいえば、できれば「デジタル関連の仕事をしている」という経歴を履歴書に入れたいと思う人が多いのではないでしょうか。すると、自然に「デジタル関連の仕事をするチャンスはどこにあるか」というように動きたい方向も見えてきます。

早い段階で「自分の市場価値」を知り、足りないものを補う

3つめが、ヘッドハンターや転職サービスに登録することです。履歴書をまとめてあれば、すぐ登録できます。

ヘッドハンターや転職サービスに登録すると、自分にどんなオファーがあるかを具体的に知ることができます。それによって、自分のマーケットバリューを客観的に把握することもできるでしょう。この「自分の市場価値を知る」という目的だけでも、転職活動をしてみる意味があると私は思っています。

自分に足りないものがあるとすれば、履歴書を書いたとき以上にリアリティを持って、その「足りないもの」が何なのかも理解できますし、補う努力をすることもできます。

もしみなさんが、まだ転職に前向きになれていないとしても、この本を読んだことを一つのきっかけとして、具体的に転職活動をしてみることをすすめます。

転職活動をきちんとやろうと思う人は、企業のサイトを見たりして情報を調べることも一つの方法ですが、ヘッドハンターや転職サービスで紹介を受けて、少しでも興味を持てそうな会社があれば「その会社の人と会って話す」ことを最優先しましょう。

「いい会社かどうかわからないのに、わざわざ会って話をするのは面倒だ」「もうちょっと事前によさそうな会社を絞るポイントを知りたい」などと考える人もいると思いますが、人に会ってみることもせずに候補を絞ろうとすることは、個人的にはまったくおすすめできません。

ベンチャーキャピタルでもそうなのですが、会社のデュー・デリジェンス（価値やリスクの評価）をするときは人に会うことが絶対に必要です。

少しでも興味がある会社ならば、まず社員と会ってみるということがデュー・デリジェンスの最初の一歩といってもいいほどです。

なるべく早くさまざまな人に会ってこそ、会社のよし悪しを見極めるための情報がきちんと入ってきます。もちろん、その業界のことを学ぶという意味でも、人に会うことは非常に有意義です。

積極的に動く人には、いいことが起きる

こうした「本気の転職活動」をするのには抵抗があるという人は、興味のある業界のセミナーに参加してみるのも一つの方法です。

コロナ禍の中でリアルなセミナーは減っていますが、「ご縁」を得るにはできるだけ人と出会う機会を作り、セミナーで隣に座った人に話しかけるといったことから始めていきましょう。

私自身、大規模なコンベンションや関心のある業界のセミナーなどには、できるだけ足を運ぶようにしています。そして、自分の隣に座った人に話しかけてみたりもします。

結局のところ、何であれ「動いてみる」ことが大事です。積極的に動く人には、最終的にいいことが起きる可能性が高いのです。

もう一つ転職に関してアドバイスしておきたいのは、「年を取るほど、変化についていくのがつらくなる」ということです。

私が転職の相談を受けるケースとして一番多いのは、日本の会社を定年退職したあとで再就職したいという人です。60歳まで会社に残り続け、そのあとに「もう2、3年は働きたいからどこかいいところはないか」と相談に来る人が多いのですが、その時点だと「ちょっと遅いな」という印象です。

会社員としてのキャリアのうち、少なくとも最後の2、3年だけでもそれまでと異なる仕事の経験を積んでいれば、転職のお手伝いができるケースはたくさんあります。しかし、定年まで会社にしがみついていた人だと、「手遅れ」といわざるを得ないケースが多いのです。

一方で、私がこれまで関わった人の中には、55歳頃から定年退職後を見据えて転職先を探す人もいます。これは、転職先探しのお手伝いをしやすいケースです。この先のキャリアを考えながらさらに5年、10年と仕事ができるとなれば、何らかの技能を2つ3

つ増やすこともできます。

定年を迎えて「どこにも行くところがない」ということにならないよう、先を見据えてできるだけ早く動き始めることをおすすめします。

「仕事１００％」の世界の終焉

本章では少しだけ「シリコンバレー的な人」を紹介してみましたが、そのキャリアはパターン化できるものではありません。

日本では終身雇用が崩壊したといわれながらも「新卒で入った会社で定年まで勤め上げる」ことに違和感を覚える人は少なく、キャリア観があまり多様化していないように感じますが、シリコンバレーの人々が自分で自分の人生を設計している姿を目《ま》の当たりにするにつけ、「新卒から定年まで」の人生設計にはやはり不自然さがあるように思います。

世界に目を転じれば、一つの会社の仕事だけで人生が１００％埋まってしまうような生き方ではなく、社会や環境に目を向けていくなど視点をたくさん持つことが当たり前になってきています。

シリコンバレー的な生き方とは、世の中の動きに目を向け、そのうえで「自分がその中でどう生きたいか」「社会に対して自分がどう向き合っていくのか」を考えることでもあり、それは日本で暮らす多くの方にとっても大切な姿勢になってくるのではないでしょうか。

こんなことを書いていますが、私自身のことを正直に吐露《とろ》すれば、かつては「企業と自分を一致させる」のがごく当たり前のことだと思っていました。勤めている企業のゴールが、そのまま自分のゴールだと思っていたのです。

サンリオで働いていた頃の私の生きがいは、サンリオを大きくすることであり、それこそが自分のミッションでありビジョンであると何のためらいもなく考えていました。

それがある日、自分の意に反してサンリオを離れることになったわけです。

しばらくすると、なぜサンリオを大きくすることが私個人のミッションだなどと思っていたのか、不思議に思うようになりました。

会社のミッションと個人のミッションというのは違うものだと気づき、そしてそのとき、自分には自分自身のミッションやビジョンがなかったということに思い至ったのです。

サンリオを辞めた当初は、「これからミッションやビジョンに共感できる会社を見つけて、その会社の一部になる」ことが次の自分の生き方であり、自分の居場所を探す方法だと思っていたのですが、それもまったく違いました。

大事なのは、「自分は何がしたいのか」を考えることでした。

「エンターテインメントに関わる仕事をしたい」「グローバルに、日本とアメリカの架け橋になるような貢献をしたい」という自分の思いを明確にできたのは、このことに気づけたからですし、さらに「自分の成長も重要だけれど、それだけでなく、家族も幸せになってもらいたい。だから家族も、それぞれが自分なりのミッションやビジョンを持って生きていってほしい」と強く思うようにもなりました。

これは、私が会社勤めを辞めたから、このように考えたのだということではありません。

カウフマンフェローズのエクササイズでも取り上げられる企業側の課題として、「働く個人のミッションと企業のミッションをどう一致させていくか」があります。

単に「企業のミッションは企業のミッションであり、個人のミッションとは別物だ」ということではなく、その2つが重なったときに、企業としても個人としても最大のパフォーマンスが発揮されるということを前提として、近年はそれをどのように一致させるかについて、企業が努力することが必要だという議論が盛んになっているのです。

現在、企業には「社員に個人としてのミッションやビジョン、あるいはパーパス（目的）を持ってもらうこと」「それを企業のミッションやビジョン、パーパスと一致させ、社会全体に対して貢献していけるよう設計すること」が求められる世の中になっています。

そして、このような動きは「1社で一生」「1社で100%」ではない、企業も個人もフレキシブルに働いていく環境につながっていくものでもあります。

仕事をしていくうえで、あるいはもっと広い視野でいえば、生きていくうえでのミッションやビジョンは、一つだけということはありません。

「仕事とプライベートのそれぞれで、大事にしたいミッションやビジョンが複数ある」のが自然であり、それを尊重し合うというのが、世界のトレンドになってきているのではないかと思います。

当然、経営者にもこういったマインドは求められており、従業員とその家族の健康のこと、環境への対応などをメインテーマとして考えられない企業には、消費者がついてこなくなりつつあります。その流れの中、経営者側が社員に「仕事100%」を求める風潮は、今後さらに弱まっていきそうです。

世界の価値観に取り残される日本人

変化というのは、「中」にいると見えづらいものです。飛行機や電車に乗って移動しているとき、外の景色は動いていますが、窓の外に目を向けなければ、目の前の状況には動きがありません。

「外」に目を向けようと意識しなければ、本当は猛スピードで大きな変化が起きていても、そのことを認識できないままということが起こり得るわけです。

これは私自身が常日頃、感じていることでもあります。

たとえば2021年の夏に日本に4週間滞在していた間、私は自分が内向きになっていくのを感じていました。

日本ではニュースで東京オリンピック・パラリンピックのことが盛んに報道されており、そのような環境の中で私は友達と東京オリンピック・パラリンピックの話をしていたのです。

しかし、いざアメリカに戻ってみると、周囲の人はほとんど東京オリンピック・パラリンピックを見ておらず、メダルなどの結果を気にしている人もいませんでした。
この間、もし私がアメリカにいれば、おそらく東京オリンピック・パラリンピックのことなど眼中になく、アメリカ国内で流れるニュースに注目していたことでしょう。

実のところ、普段はアメリカで当たり前にチェックしているグローバルなニュースも、日本にいるときは、かなり意識しないとチェックしようという気持ちにならなかったりもします。逆にアメリカにいると、日本のニュースは意識しないとチェックが行き届かなくなるのです。目の前で起こっていることに対するバイアスというのは、非常に強いものなのです。

ですから私は、自分の目の前のことから視線を外して「いつも見ているのとは異なる世界があるのだ」ということを認識するには、努力が必要なのだと思っています。

先ほど触れた企業と個人のミッション・ビジョンの考え方、あるいは企業がメインテーマとして環境や社会問題などに取り組むことが求められるようになっていることなど、世の中の価値観はどんどん変化しています。

私たちはそのことに気づき、自分の価値観や考え方も柔軟に変えていく必要があるのですが、その変化が「見えていない」人は意外に多いかもしれません。

たとえば日本でジェンダー差別などが問題視されるようになっていることに対して「面倒な世の中になった」などと感じている人は多いかもしれませんし、古い考え方の人同士で「あれくらいで騒ぐのはおかしい」「たいした問題ではない」などと話して笑うといった場面を見たことがある人もいるでしょう。

しかし「外」にきちんと目を向ければ、ジェンダーに関する世界の価値観が大きく変化していることはわかるはずです。

今後、「中」の世界だけで生きている人は、残念ながら取り残されていくことになるでしょう。これからの時代を生き抜いていくには、変化に目を向け、それを直視して対応することが必要なのです。

終章　シリコンバレー流に、充実した人生を送る

最後に、本書を手にとってくださった読者のみなさんに、シリコンバレー流に生きるための指針として5つのポイントをお伝えしたいと思います。

①トレンドのシフトに乗れ

近年のシリコンバレーでは、トレンドのシフトが次々に起きています。

思い返すと、数年ほど前までのシリコンバレーの投資業界でホットだったのは「ソーシャル」「フィンテック」「ビジネスソフトウェア」などのテーマでした。

しかし、現在では「ソーシャルからモバイルへ」「フィンテックからクリプト（暗号資産）へ」「ビジネスソフトウェアからクラウドへ」とトレンドが移行しています。

そして近年シリコンバレーで資産を築いた人たちの顔ぶれを見ると、新たなトレンドが現れたときに、モバイルやクリプトやクラウドなどのテーマに乗っていった人たちなのです。

こういったトレンドは、数年ごとに変わります。そして、トレンドがシフトし始めたときには、さまざまなチャンスが生まれます。

しかし、シフトが起き始めたとき、残念ながら旧世代の人たちには、その価値がなかなかわからないものです。

そこで大切なのが、「どうせわからないから」とあきらめるのではなく、旧来のものに固執することなく、「わからなくても、とにかく新しいものに乗ってみる」という態度です。

私は、たとえば自動車なら、新たに電気自動車が登場したときに、真っ先に買って乗ってみるべきだと思いますし、自動運転技術が進化したら、積極的に新たな技術を搭載した車種に乗り換えたほうがいいと思っています。

すでに少し古い例になりつつありますが、たとえば決済サービスなら日本でも「ＬＩＮＥペイ」や「ペイペイ」などの決済手段がたくさん利用可能になっています。

「私は現金派」「スマホ決済はトラブルも心配だし……」などと考えて、いまだに使ってみたことさえないという人はいないでしょうか。

振り返ってみてください。LINEが登場したとき、コロナ禍でZoomが注目され出したとき、新しいSNSとしてクラブハウスが話題になったとき、みなさんは「真っ先に乗る人」だったでしょうか。

もしも「わからないから」「今のままで別に困っていないし」などと考えがちで、新しいものから距離を置く傾向があるなら要注意です。

「一体、今から具体的に何をやればよいのか」と戸惑う人には、「目についたものは、とにかくやってみろ」とアドバイスしたいと思います。

自分の周りをよく見てみれば、新しいサービスが次々に生まれていることに気づくはずです。日々使っているLINE一つとっても、たとえばインフルエンサー検索機能を試したことはあるでしょうか。LINE証券のサービスはどうでしょう？　PayPay銀行と既存銀行の違いをどこまで知っていますか。

おそらく多くの人は、新しい機能を一つひとつチェックしたりはしていないのではないかと思います。しかし、こういった新しく生まれてくるサービス一つひとつをウォッチし続けることで見えてくる、トレンドシフトのポイントがあるものなのです。

ビジネスパーソンとしてチャンスをつかむためには、トレンドに敏感になり、自分が仕事をしているビジネス領域ではもちろん、それ以外についてもどんどんトレンドに乗っていくという姿勢が必須だと思います。

②一つの仕事にこだわるな

日本では終身雇用が崩壊したといわれるものの、「就職したら、できるだけ長く勤め続けるほうがよい」という価値観が根強く残っているように感じます。

何かを成し遂げるためには一つのことに集中すべきだと考え、「兼業」「副業」などに対しても「本業がおろそかになりそう」というネガティブな印象を拭《ぬぐ》えない人が多いのではないでしょうか。

そのような日本の感覚からすると、テスラ創業者のイーロン・マスクは、理解を超えた人物ということになるかもしれません。

テスラを上場させ、株価の上昇により個人で30兆円を超える資産を保有するまでになっただけでなく、宇宙開発企業のスペースXのCEOでもあり、ほかにもテスラ子会社のソーラーパネル会社ソーラーシティ、アメリカの都市をトンネルで結ぶ計画を打ち出すボーリング・カンパニーを手掛けるなど彼の事業領域は広く、その一つひとつが時代の変革を迫るような事業なのです。

ツイッター創業者のジャック・ドーシーも、ツイッターだけでなくモバイル決済事業会社スクエアを上場させて、一時は両社のCEOを務めていました。

このように、一つの会社に固執することなく何度も起業し、上場させ、当たり前のように複数の企業を経営している起業家たちの姿を間近に見るにつけ、これはやはりアメリカならではのダイナミズムだと感じますし、私自身、日本にいてはなかなか得られない刺激をもらっていると思います。

一方、ビル・ゲイツとジェフ・ベゾスについて感心するのは、自分が作り上げた会社をあっさりと引退して、次の道に進んでいることです。

もともとビル・ゲイツは、一人のソフトウェアエンジニアにすぎませんでした。それがマイクロソフトを創業し、巨万の富を得たわけです。

これだけでもすごい話ですが、その富や地位にしがみつくことなく早々に引退し、築いた富を環境やバイオテクノロジーにどんどん投資して、世の中の変化を加速させようとしているのですから、社会全体を見る視野の広さには感服するしかありません。

ビル・ゲイツの生き方を見ていると、自分がちっぽけな存在に思える一方、「小さなことに悩まず、もっと視野を広くしていこう」という気概が生まれ、力を得た気持ちになります。

ジェフ・ベゾスも、アマゾンをあっさり辞めてしまいました。私だったら「ここまで成長させたのだから、もっと自分で経営したい」と考えてしまいそうですが、彼は宇宙開発に向かい、宇宙旅行を成功させています。

シリコンバレーにいると彼らの活動をより身近に感じられ、「小さい領域だけで活動するのは、人生がもったいないな」という気持ちにさせられます。

振り返ると、私はサンリオでハローキティの海外展開というテーマに集中していたわけですが、もしあのままそれだけに人生をかけていたらビル・ゲイツやジェフ・ベゾス、イーロン・マスク、ジャック・ドーシーのようなダイナミックな人生のシフトに目が向くことはなかったかもしれないとも思います。

シリコンバレーで視野が開かれたことによって、私は今、一つの会社に縛られることなく多くの会社に関わる道を選び、そのダイナミズムを楽しんでいます。

「一つの仕事にこだわることは、もったいないかもしれない」ということを、みなさんにもぜひ一度考えてみていただければと思います。

③信念を貫け

みなさんは、何のために今の仕事をしているのでしょうか?

「もちろん生活費を稼ぐためだ」という人も多いかもしれません。それは現実として必要なことではあるのですが、たとえばこれから転職を考えるなら、「自分はどういうことに信念を持って働いているのか」をきちんと考え、その信念を貫くことを大切にしてほしいと思います。それは、信念に基づいた仕事には強靭さがあるからです。

かつてスタンフォード大学でＡＩ研究をしていたアマッド・ワニは、インドの自宅に帰省したときに大洪水に見舞われ、崩壊した自宅で1週間にわたり生死の境をさまようという体験をしました。

彼はその強烈な体験から、自然災害の壊滅的な被害を軽減することの重要性を認識し、「予測できない惨事」を予測しようと考えました。そしてスタンフォードに戻った彼がＡＩ研究者と一緒に立ち上げたのが、ワン・コンサーンという会社です。

ワン・コンサーンは私も支援しているのですが、私がアマッド・ワニの創業ストーリーを聞いて驚いたのが、その信念の強さです。

スタンフォードのＡＩ研究者ですから、望む会社に高額な給与で入れる立場なのですが、それには見向きもせずに、さほど儲かりそうもない災害の被害予測という課題に取り組もうとしていること、それ自体が驚くべきことだといえるでしょう。

シリコンバレーのスタートアップというと、最先端の華やかなビジネス、新しいサービスを好む先端的なユーザー像などをイメージする人が多いのではないかと思います。

シリコンバレーに対して、ガツガツした起業家が集まるところだという印象を持つ人もいるでしょう。

それもシリコンバレーの一面ではありますが、一方でアマッド・ワニのように、「世の中をよくしたい」ということだけを考え続けているような強い信念を持つ起業家もいるのです。

私が彼を支援しているのは、その姿勢に感銘を受けたからであり、もちろん彼の周りには私だけでなく、多くの支援者が集まっています。

④何があっても、あきらめるな

コロナ禍でデジタルシフトが加速したことは間違いなく、シリコンバレーには株価が大きく上昇した企業もありました。

しかし、シリコンバレーの企業がみなコロナ禍の悪影響を免れたのかといえば、もちろんそんなことはありません。

たとえばインスタワークという会社は、レストランなどのホスピタリティ業界に人材を派遣する事業を営んでいました。シリコンバレーで順調に成長していたスタートアップだったのですが、コロナ禍によりアメリカでは1年以上もレストランが閉まり、インスタワークは大打撃を受けることになったのです

インスタワークの創業者のサミア・メガーニと私はハーバードの同級生で、苦境に陥る様子も知っていたのですが、心から「すごいな」と思ったのは、これほどの逆風下でも、しっかりビジネスモデルを作り変えて対応していったことです。

インスタワークが目をつけたのは、物流業界でした。実店舗に行けなくなった人たちがeコマースに流れた結果、配送網は逼迫《ひっぱく》して物流コストが上昇することになりました。

そこで、インスタワークは、すかさず物流業界への人材派遣業にシフトし、コロナ禍を生き抜いたのです。さらに経済がリオープンし始めると、ニーズが高まるパートタイム労働者の派遣を手掛け始め、業績を伸ばしています。

どんなビジネスであっても常に順風満帆ということはなく、コロナ禍のように避けようのない環境変化に見舞われることもあり得ます。そのような場面でも、粘り強くあき

らめずに手を打ち続けることが大切なのです。

⑤自分の周りの人を成功させろ

先に、シリコンバレーのようなネットワークが大切にされる社会では、周囲の人に対して「成功してほしい」「出世してほしい」という気持ちを抱き、協力的になりやすくなるというお話をしました。

私はこれをさらに一歩進め、「自分の成功以上に、周りの人の成功が重要だ」と考えています。

振り返れば、現在の私につながる人々は三菱商事の同期であったりハーバード・ビジネス・スクールで一緒に学んだ人であったりします。

飛ぶ鳥を落とす勢いの次世代ベンチャーキャピタルであるトライブ・キャピタル創設者のアージン・セティや、大型ベンチャーファンドであるセコイア・キャピタルのジェフ・ウオン、投資業界最注目のヘッジファンドであるコーチューのトーマス・ラフォントとは親しく付き合っていますが、彼らも出会った頃はベンチャーキャピタリストとしてそれほど知られた存在ではありませんでした。

その彼らがのちに大きく成功していった結果、私はさまざまな機会を得ることになったわけです。

ですから私には、「周囲の人たちの成功のおかげで、自分がより興味深い世界に足を踏み入れていっている」という感覚があります。

みなさんもぜひ、「自分の周りの人たちをどう成功をさせるか」を考え、実際に周囲の人が成功できるよう手助けしていってください。

人の成功を妬《ねた》んだり羨《うらや》んだりしても、そこからは何も生まれません。

周囲の人の成功を願い、積極的に手助けすることが、結果的に自分の成功につながっていくはずです。

おわりに

日本でも「シリコンバレー流」は実践できる

最後までお読みいただき、ありがとうございました。

本書では私が活動の軸足を置く「シリコンバレー」をフックとし、シリコンバレーに関心を持って本書に手を伸ばしてくださった方を念頭に置き、繰り返し「シリコンバレー流の学び方」や「シリコンバレーで成功している人の実例」などをご説明してきました。

おそらくみなさんの中には、「これはシリコンバレーだから通用する話であって、日本にいる自分には縁遠い話だ」と感じた方もいるのではないかと思います。

しかし、日本国内にも「シリコンバレー流」に生き、働いている人たちはいます。日本だから無理だということは、まったくありません。

たとえばヤフーやLINEを傘下《さんか》に持つZホールディングスの経営陣を見てみましょう。

Zホールディングスでは私も社外取締役を務めているのですが、代表取締役社長の川《かわ》邊《べ》健太郎さんは青山学院大学の同級生で、大学時代からの友人です。

彼は大学時代に電脳隊というネットベンチャーを創業し、その電脳隊をヤフーに売却する形でヤフーに入社しました。動画配信サービスを手掛けるGYAO《ギャオ》のトップなどを経て、今に至ります。

Zホールディングス専務取締役の小澤隆生《おざわたかお》さんもビズシークという会社を創業した起業家で、ビズシークを楽天に売却していったんは楽天グループに入り、楽天イーグルスの立ち上げなどを手掛けます。その後、楽天グループを退社して個人投資家としてスタートアップの創業に参画したり投資したりしたあと、設立した会社をヤフーに売却してヤフーに入社したのです。

またZホールディングス代表取締役でLINE代表取締役社長の出澤剛《いでざわたけし》さんは、もともとは大手生命保険会社で働いていましたが、堀江貴文さんが創業したオン・ザ・エッチに転じ、紆《う》余《よ》曲《きょく》折《せつ》を経てライブドア社長からＬＩＮＥのトップに就いたという経歴の持ち主です。

こうして見ると、いくつもの会社の「スタートアップ物語」があり、それらが交わって今のＺホールディングスがあるのだということの一端が窺えるのではないかと思います。そのダイナミズムや川邊さん、小澤さん、出澤さんといった登場人物の生き方は、非常に「シリコンバレー的」だといえるでしょう。

繰り返しになりますが、日本でも「シリコンバレー流」の実践は可能です。Ｚホールディングスが特別なケースというわけではありませんし、日本でも新たなビジネスに挑戦するスタートアップは続々と誕生しています。

みなさんが自分の意思で、そのような道を選ぶかどうかだけが問われているのです。

20代、30代、40代で学び方を変えてもよい

この本のメインテーマの一つである「学び方」についても、最後にひとこと付け加えておきたいと思います。

私はこの本の執筆を進める中で、自分が20代、30代、40代と年を重ねる中、学び方を変化させてきていたという事実に気づくことになりました。

それぞれを名づけるなら、20代は「日本流・体育会流」、30代は「アメリカ流・MBA流」、そして40代が「シリコンバレー流」ということなのかもしれません。

学び方だけでなく、考え方や感じ方も、昔とはまったく違っていると思います。

かつては自分が主役でなければ嫌だという感覚、自分が意思決定しなければダメだという強い思いがありましたが、今はプレイヤーとしてボールを持っていなくても、コーチや監督のような役割に面白さを感じます。そして、周囲の人の成功を心から喜べるようになりました。

自分がそんなふうに変化することは、若い頃には想像できませんでしたが、振り返ってみて思うのは、自分がこうして変わっていくのは悪いことではないということです。

そして、これからも私は変わっていくのかもしれません。

自分自身の変化を自覚した今、それを踏まえていえるのは、私が紹介したやり方のどれかが正しいわけでも、いつどのような学び方をすべきだというルールがあるわけでもないということです。

もちろん、20代で「シリコンバレー流」に学ぶ人もいれば、50代から「日本流・体育会流」に勉強する人もいていいのです。

読者のみなさんには、この本を通じて「今の自分にとって何が一番必要か」を考え、活用できるところをうまく組み合わせながら、よりよい人生を歩んでいっていただければと願っています。

〈巻末付録〉書籍でビジネスの基本を押さえよう！

最後に、私が実際に読んで「これは自信を持っておすすめできる」という書籍22冊をご紹介します。

読書で「スタディ」をして、ぜひとも「エクスペリエンス」や「ラーニング」につなげていただければと思います。

シリコンバレーを知る

①『VCの教科書（Secrets of Sand Hill Road）
――VCとうまく付き合いたい起業家たちへ』

スコット・クポール著、庭田よう子訳、東洋経済新報社ベンチャーキャピタルがどのように活動しているのか、多くの具体的な事例をもとに、わかりやすく解説。著者は有名なベンチャーキャピタルであるアンドリーセン・ホロウィッツに属するスコット・クポール氏。教科書風でありながら、「私はこう考えて、こう実行している」と一人称で語っているところがユニーク。原題は“Secrets of Sand Hill Road”だが、Sand Hill Roadという通りには著者の会社以外にも、セコイア・キャピタルやクライナー・パーキンスなどの著名なベンチャーキャピタルがあり、そこにあるRosewood Sand Hillというホテルのロビーでは、ベンチャーキャピタリストと起業家が日々ミーティングをしているだけでなく、観光地にもなっている。

シリコンバレーで働く人の生態を非常によく描いており、ベンチャーキャピタリストがどんな仕事をしているのかを知りたい人には最もおすすめだ。

②『TROUBLE MAKERS トラブルメーカーズ
——「異端児」たちはいかにしてシリコンバレーを創ったのか?』

レスリー・バーリン著、牧野洋訳、ディスカヴァー・トゥエンティワン

１９６９年から１９８４年までのシリコンバレーの創成期を描いた本。アメリカに生まれ育つと、こうした歴史は自然と耳に入るが、海外からシリコンバレーに来た人は意外と知らないことが多いだろう。

シリコンバレーの伝説的なアントレプレナーたち――インターネットの先駆者のボブ・テイラー氏、アップルの初期の投資家であり、初代会長にもなったマイク・マークラ氏、スタンフォード大学発の技術ライセンスを大きくし、牽引したニルス・ライマース氏、アタリ社のゲーム機向けにPongという大ヒットゲームを開発したアル・アルコーン氏ら７人の詳細を網羅。時系列に沿った記述でありながら物語風にも読めるので、楽しみながらシリコンバレーの歴史がわかる。

③『シリコンバレー　最強の仕組み』

デボラ・ペリー・ピシオーニ著、伊佐山元〈序文〉、桃井緑美子訳、日経BP

シリコンバレーのイノベーションとエコシステムを解説した名著。アントレプレナーシップのメッカであるこの地になぜ人が集まり、文化が形成されていったかを詳述している。著者は、米国議会職員としてワシントンD.C.でキャリアをスタートしたが、シリコンバレーに魅せられ、この地でアントレプレナーとしてのキャリアを積んだ。シリコンバレーの初心者にはぜひ読んでもらいたい一冊。

④『BAD BLOOD シリコンバレー最大の捏造スキャンダル』

ジョン・キャリールー著、関美和、櫻井祐子訳、集英社

「セラノス」という血液検査ベンチャー企業で近年起きた、シリコンバレー最大の捏造《ねつぞう》スキャンダルを描く。２００３年に設立されたセラノス社は、短期間に約1兆円の時価総額を達成、創業者のエリザベス・ホームズは一時は医療業界を変革するアントレプレナーとして持て囃《はや》されたが、内情はまったく違っていた。

なぜ百戦錬磨の投資家や世論が騙《だま》されてしまったのか？　シリコンバレーとは真逆の文化が、セラノス社でいかに醸成されていったのか？　事件の内幕がジャーナリスティックに暴かれる。シリコンバレーには成功物語ばかりでなく、さまざまなダイナミズムがあることがわかる。

⑤『1兆ドルコーチ——シリコンバレーのレジェンド　ビル・キャンベルの成功の教え』

エリック・シュミット、ジョナサン・ローゼンバーグ、アラン・イーグル著、
櫻井祐子訳、ダイヤモンド社

日本では「コーチング」にあまり馴《な》染《じ》みのない人が多いだろう。一方、アメリカでは「コーチング」が小学校から授業をサポートする役割を果たしており、中学校・高校にかけて生徒たちに習慣化していく。またアメリカのスポーツ競技においては「コーチング」の文化がアマチュアにもプロリーグにも根づいている。

ビル・キャンベル氏は、もともとフットボールチームのコーチであったが、シリコンバレーの経営者の「コーチング」にシフトし、グーグルのような会社が大企業になる過程で、黒子として大活躍した。ビル・キャンベル氏からコーチングを受けた80名以上の人々から、そのエッセンスを引き出し、まとめたのが本書。日本人からすると「ちょっとわかりにくい」と感じるコンテクストも多いが、シリコンバレーのシステムを知るうえでも興味深い。

⑥『ベンチャー・キャピタリスト——世界を動かす、最強の「キングメーカー」たち』

後藤直義、フィル・ウィックハム著、SOZOベンチャーズ監修、NewsPicksパブリッシング

シリコンバレーは、スタートアップを創る起業家と、そうした企業に投資し、成長を支えるベンチャーキャピタルがメインプレイヤーだが、そのベンチャーキャピタル側のストーリーをまとめた集大成。

日本では著書『ゼロ・トゥ・ワン』で知られるピーター・ティール氏をはじめ、シリコンバレーで最もパワフルな女性投資家の一人であるアン・ミウラ・コー氏、超名門ベンチャーキャピタルの再建を託されたマムーン・ハミッド氏、イーロン・マスク氏が惚れ込んだナンシー・ファンド氏、中国のユニコーン軍団を見いだしたハンス・タン氏、世界を「10兆円ファンド」で激震させた孫正義氏を含め、数十人の著名なベンチャーキャピタリストのインタビューを収録。豊富なエピソードが満載で巨額の資産を創り出すベンチャーキャピタルの秘密に迫っており、読み応えもある。

世界のエンタメビジネスを知る

⑦『ブロックバスター戦略――ハーバードで教えているメガヒットの法則』

アニータ・エルバース著、鳩山玲人〈監訳・解説〉、庭田よう子訳、東洋経済新報社

ハーバード・ビジネス・スクールで最も人気のある教授の一人、アニータ・エルバース氏の著書。アニータ氏は、エンタメを単なるセンスや感性、あるいはクリエイティビティやタレント性だけで解釈するのではなく、そこに戦略やマーケティングを導入できるか？　モデルとして再現性を創出できるか？　などの視点を入れることで、アカデミックに昇華させる試みをしてきた。

アニータ氏は実際にハーバード・ビジネス・スクールの授業で、ヒップホップの大御所のJay-Zや歌手のレディー・ガガ、テニス選手のマリア・シャラポワなどを題材にしているが、そういったメジャーな事例を最初に世に紹介したのが本書。どうやってヒットを生み出すのか、エンタメにどうやってビジネスを入れ込んでいくのかを知るのに有効だ。

⑧『ハーバードでは教えない実践経営学――ビジネス界の心理戦を勝ち抜け！』

マーク・マコーマック著、樫村志保訳、日本経済新聞出版

著者は、エンターテインメント業界のキーとなるタレントやスポーツ選手のマネジメント企業であるＩＭＧ（インターナショナル・マネージメント・グループ）を創業し、スポーツ・マーケティング、スポーツ・マネージメントという分野を作り上げたが、その彼が独自の経営法について述べている。

マコーマック氏は、１９６０年にＩＭＧを立ち上げると、アーノルド・パーマー氏やジャック・ニクラス氏等のゴルフ選手のエージェントとして活躍し、ビジネスを広げてきたレジェンド。ビジネスは現場で起きており、そこで発揮できる人間力でビジネスの行方が決まると主張している。ＭＢＡでの知識は、時に邪魔にすらなるという。現場上がりの処世術〝ストリート・スマート〟の極意が詰まった一冊。

⑨『ピクサー流　創造するちから――小さな可能性から、大きな価値を生み出す方法』

エイミー・ワラス、エド・キャットムル著、石原薫訳、ダイヤモンド社

ピクサーの共同創業者であるエド・キャットムル氏が、どのようにピクサーを創ってきたかが詳細にわかる。ピクサーは2006年にディズニーに買収されたが、ピクサーがどうやってピクサーであり続けているのか、創造的企業文化の創り方、クリエイティビティを活かすマネジメントのあり方等を、創業者として語っている。

ピクサーをサポートしていたアップルのスティーブ・ジョブズ氏とのやりとりも語られており、ピクサーがシリコンバレーの土壌にあるからこそ生まれたとも思えるエピソードも多い。

環境問題を知る

⑩『Drawdown ドローダウン——地球温暖化を逆転させる100の方法』

ポール・ホーケン著、江守正多〈監訳〉、東出顕子訳、山と渓谷社

ポール・ホーケン氏は、シリコンバレーで生まれ育った環境運動の活動家。本書は、彼が設立した非営利団体プロジェクト・ドローダウンが地球温暖化を解決するためにまとめた提言書だ。それら解決策を100位までのランキングで示しているところが面白

い。

1位が冷却剤についての解決法（ＣＦＣｓやＨＣＦＤｓといったオゾン層破壊係数が高い冷却剤の代替技術の開発）、２位が風力発電へのシフト、３位が食品廃棄物の削減であるが、解決案だけでなく、その定量的効果も提示している。図鑑のような構成で読みやすく頭にも入りやすいので、ＳＤＧｓ（環境・社会・ガバナンス）への入り口としてもおすすめ。

⑪『地球の未来のため僕が決断したこと』

ビル・ゲイツ著、山田文訳、早川書房

日本では企業を創業し成功したあとも、その企業に生涯を捧げるような起業家が多いが、アメリカでは、企業から離れ、次の段階に移る創業者も多い。著者でマイクロソフトの創業者であるビル・ゲイツ氏は、１９７５年に同社を創業したが、２００８年にはフルタイムからパートタイムの会長職に移行し、その年に設立した非営利団体のビル＆メリンダ・ゲイツ財団を通じて、いかに世界の貧困、疫病、不平等の問題を解決するかをライフワークにしてきた。コロナ禍のようなパンデミックについても以前から警鐘《けいしょう》を鳴らしてきており、感染症が起こってから対応するのでは遅く、今から長期目線での投資や対策を講じておくべきだと主張。地球温暖化についても、今すぐ行動することを提言している。

世界で毎年排出される温室効果ガスの量は、年間510億トンにも及ぶ。これを将来的にゼロにしなければ、環境破壊が進み、気候災害が増え、我々が住む地球は手遅れになってしまう。気候災害を避けるには、最大の原因である温室効果ガスをなくすしか方法はなく、これを具体的にどう考え、どう対処すべきなのか——。この本の面白いところは、それらを大局的に捉えたのち、ベンチマークを使って課題を目の前に突きつける点。SDGsが注目されている中、小手先ではない解決法の必要性を改めて感じさせてくれる。

⑫『Factfulness（ファクトフルネス）
10の思い込みを乗り越え、データを基に世界を正しく見る習慣』

ハンス・ロスリング、オーラ・ロスリング、アンナ・ロスリング・ロンランド著、
上杉周作、関美和訳、日経BP

世界は変化しているのに、人々の知識のアップデートがなされておらず、思い込みによって世界を誤って認識していることを、スウェーデンの学者であるハンス・ロスリング氏が指摘。世界の人口、飢餓、教育、収入、寿命、出生率、気候変動などについて統計データを利用し、正しく考えるための方法をわかりやすく提示している。これを「ワールド・ヘルス・チャート」という1枚の図表にして示しているのも斬新だ。自分の中のバイアスを確認するのにも最適。

⑬『フロー体験入門——楽しみと創造の心理学』

M・チクセントミハイ著、大森弘訳、世界思想社

本書で著者は「人は、高度なスキルとコミットメントを必要とし、自分のためになる

仕事に挑戦するとき最も幸せになれる」と述べ、それを「フローにある状態」と定義する。人が最も集中している状態を指しているが、日々の仕事に追われていると、ついタスクに埋もれてしまい、休憩時間もネットをチェックするなどの時間潰しで終わってしまいがちだ。「自分の最高の状態はどのようなものなのか」と振り返る機会を作ってくれると同時に、仕事を楽しみながら生きるヒントが満載。転職を考える際に参考にするもよし、たまにはアメリカの心理学者の視点を参考にするのもいいだろう。

⑭『ハーバード流マネジメント講座　90日で成果を出すリーダー』

マイケル・ワトキンス著、伊豆原弓訳、翔泳社

新しい部署に異動になった、新しい会社に転職した、あるいは出世した。そういうときにどのようにその日を迎え、行動していけばよいのか。最初の「90日」は、新しい環境に圧倒されがちだが、ここで何をするかが肝心と説き、新しいポジションや転職後の90日でやるべき10のポイントを提示する。私自身もこの本を実際に活用して90日のロードマップを作成した。転職前の心の準備としても読むと、心が落ちつくはず。

MBAの基礎を把握する

⑮『グロービスMBAシリーズ』

グロービス経営大学院著、ダイヤモンド社

MBAには経営戦略、ファイナンス、マーケティング、リーダーシップなどの基本的な分野があるが、教科書的にカバーするならこのシリーズがおすすめだ。MBAを取らずとも、ビジネスマンが身につけるべき基礎力をつけられる。『27歳からのMBA』（グロービス経営大学院著、東洋経済新報社）というシリーズもある。

⑯『ハーバードの自分を知る技術――悩めるエリートたちの人生戦略ロードマップ』

ロバート・スティーヴン・カプラン著、福井久美子訳、CCCメディアハウス

著者は、私自身がハーバード時代に最も影響を受けた教授の一人。ゴールドマン・サックスの副会長というキャリアもありながら、自分が修了したハーバード・ビジネス・スクールの教壇にも立っている。キャリアを考える際に、自分のロードマップをしっかり作ることで、人生を考え直すことを提案。この本を参考に、就活や転職などの人生戦

略を作ってみてはどうだろうか。

日本的経営・ガバナンスを押さえる

⑰『三位一体の経営』　中神康議著、ダイヤモンド社

ユニークな投資家視点でさまざまな企業を見てきた、みさき投資の中神社長が、上場企業経営に関する考え方をまとめた書。三位《さんみ》、つまりは経営者・従業員・株主を一体にして経営する考えを提言する。中神氏は単なる投資家ではなく、コンサルタントとしてのバックグラウンドも持ち、投資視点と事業視点の両方を兼ね備える。上場企業の人向けではあるが、どういう視点で株価や経営が分析されているのかを効率よく学べる。

⑱『パーパス経営――30年先の視点から現在を捉える』　名和高司著、東洋経済新報社

ＳＤＧｓの流れからも注目されているのが「パーパス経営」の視点。経営者の役割は、顧客の満足度を上げること、従業員を見守ること、業績を上げること、そして株価を上げることとされてきたが、それだけではなく、社会全体への責任も企業がもっと持つべ

きという考え方を提唱する。企業のビジョンやミッションに加え、「パーパス（志）」という視点から経営に取り組むスタイルを学べる。

⑲『ストーリーとしての競争戦略――優れた戦略の条件』　楠木建著、東洋経済新報社

戦略立案は経営における重要課題の一つで、つい難しく考えてしまいがちだが、「戦略の真髄は、思わず人に話したくなるようなストーリーにある」という発想が実に面白い。これは短時間で自分を知ってもらうプレゼン術〝エレベーターピッチ〟にも通じる考え方だ。英語では「ストーリー・テリング」という言い方をするが、自分たちについて上手に語る事例を多く掲載している。この本自体が「ストーリー」のようで読みやすいうえ、本格的な戦略論についてカバーされているので、戦略的思考入門にも、うってつけの本。

⑳『サステナビリティ・ガバナンス改革』　内ヶ崎茂、川本裕子、渋谷高弘著、日本経済新聞出版

HRガバナンスリーダーズの内ヶ崎茂氏、元早稲田大学ビジネススクール教授の川本

裕子氏、日経新聞社編集委員の渋谷高弘氏によるＥＳＧ・ＳＤＧｓ経営の最先端の指針本。企業がサステナビリティ・ガバナンスに、どのようにして取り組めばよいのかについての指針を詳述している。ＥＳＧ・ＳＤＧｓの歴史的背景だけでなく、最新の事例も数多く紹介しており、これから経営を始める人にとっては最適な総合ガイドになるだろう。

㉑『Q&A 監査等委員会設置会社の実務（第2版）』

太子堂厚子著、商事法務

「監査」について詳しく知らないビジネスパーソンは多いだろう。しかし、守りの経営において「監査」はとても重要。日本でも注目を集めつつある「監査等委員会設置会社」の実務書を通じて、ガバナンスの一形式としての経営スタイルを知るのも有効だろう。

㉒『SHOE DOG（シュードッグ）』

フィル・ナイト著、大田黒奉之訳、東洋経済新報社

時価総額30兆円弱を誇るナイキの創業者フィル・ナイト氏の自伝。スタンフォードの

学生時代に構想を思いつき、日本のスニーカーメーカーのオニツカタイガー（現アシックス）の販売代理店として起業したのち、自分たちのブランドを創り上げたサクセス・ストーリー。

とはいえ、想像を絶するほどの波瀾《はらん》万丈ぶりで、ページをめくる手が止まらなくなること請け合い。日本のブランドが海外展開をする際に犯しがちな失敗も詳細に述べられているので、学べる点も多いだろう。日本とビジネスをしたい海外企業には、必ず読むことをおすすめしている。

著者略歴

鳩山玲人《はとやまれひと》

一九七四年生まれ。鳩山総合研究所 代表取締役。

元サンリオ常務取締役。青山学院大学を卒業後、三菱商事に入社。エイベックスやローソンでエンターテインメント事業に従事。

二〇〇八年にハーバード・ビジネス・スクールでMBAを取得。同年、サンリオに入社。サンリオで海外事業を拡大、サンリオ メディア&ピクチャーズ・エンターテインメントのCEOとして映画事業にも従事し、二〇一六年六月に退社。

現在、ピジョン、トランスコスモス、Zホールディングスの社外取締役を務めるほか、シリコンバレーのベンチャーキャピタルであるSozoベンチャーズのベンチャーパートナーや、YouTuberを束ねるUUUMのアドバイザー、「HUMAN MADE」ブランドを展開するオツモのCSOも務めている。米国経済誌「Business Insider」より、フェイスブックのシェリル・サンドバーグや政治家のミット・ロムニーと並んで

「ハーバード・ビジネス・スクールの最も成功した卒業生31人」に選出される。シリコンバレーにあるベンチャーキャピタリストの先鋭的教育組織、カウフマンフェローズ卒業生。

幻冬舎新書　649

シリコンバレーで結果を出す人は何を勉強しているのか

二〇二二年三月三十日　第一刷発行

著者　鳩山玲人
発行人　志儀保博
編集人　小木田順子
編集者　四本恭子
発行所　株式会社　幻冬舎
〒一五一―〇〇五一　東京都渋谷区千駄ヶ谷四―九―七
電話　〇三―五四一一―六二一一（編集）
〇三―五四一一―六二二二（営業）
振替　〇〇一二〇―八―七六七六四三
ブックデザイン　鈴木成一デザイン室
印刷・製本所　中央精版印刷株式会社

Printed in Japan　ISBN978-4-344-98651-0 C0295
は-19-1
幻冬舎ホームページアドレス https://www.gentosha.co.jp/
＊この本に関するご意見・ご感想をメールでお寄せいただく場合は、comment@gentosha.co.jp まで。